부모 면허

부모 면허

박인경

주님이 맡기신 한 영혼을 그분의 뜻대로 빚어가는 삶

규장

"자녀를 낳아 키워보지 않고는 하늘 아버지의 마음을 제대로 이해할 수 없다"라는 말이 있습니다. 성경이 가르치는 리더십은 부모가 자녀에게 전하는 지혜와 사랑을 기반으로 합니다. 그러나 믿음의 부모가 되는 법을 제대로 배운 적이 없어서 자녀를 키울 때 아픔을 겪곤 합니다.

그런 의미에서 이 책《부모 면허》가 '크리스천 자녀 교육'에 관한 새로운 지평을 열어주리라 믿습니다. 저와 새로운교회 성도들은 이 책에 담긴 저자의 자녀 교육 강의를 수년간 현장에서 들으며 많은 감동과 깨달음을 얻었습니다. 모든 전문분야에서 면허를 취득하려면 각고의 노력이 필요하듯이 '부모 면허'를 얻기 위해 우리 모두 겸손히 하나님 앞에 엎드려 배워야 합니다. 이 답답한 코로나 시국에 당면한 부모 역할에 대해 우리의 마음을 시원하게 할 탁월한 양서임을 확신하며 추천합니다.

한홍 새로운교회 담임목사

이제 부모에게도 배움과 훈련이 필요하다는 것을 공감하는 시대가 되었습니다. 특별히 코로나19로 신앙 교육의 중심이 교회학교에서 가정으로 옮겨지고 있는 이때 부모 교육의 중요성은 날로 커지고 있습니다. 그러나 크리스천 부모들이 무엇을 배우고 어떻게 훈련받아야 하는지는 여전히 막막합니다. 자녀 양육 서적은 무수히 많지만, 성경적 관점이 결여되어 성도들이 그대로 적용하기에 부족하고, 성경적 관점을 제시하는 책은 실천적이고 구체적이지 못해 늘 아쉬웠습니다.

그러나 이 책은 성경적 시각의 부모 자녀관을 중심으로 하면서도 상담심리와 코칭, 커뮤니케이션 방법론을 통해 크리스천 부모들의 자녀 양육에 실제적인 도움을 줍니다. 부모는 '자녀에게 하나님을 가르치고 보여주고 전하는 사람'이고, 자녀에게 말씀과 기도를 가르쳐야 한다는 것을 강조합니다. 그러면서 추상적 개념에 머무르지 않고 '말씀 묵상을 나누는 가정예배'라는 적용을 통해 실제 가정에서 실천할 수 있도록 돕습니다.

이 책을 읽고 나서 처음 든 생각은 '아, 나는 무면허 아버지였구나'였습니다. 이 책이 30년만 더 빨리 나왔다면 얼마나 좋았을까요? 저 같은 후회와 아쉬움이 없도록 이 책을 모든 목회자와 성도들에게 강력히 권합니다.

송태근 삼일교회 담임목사

이 책은 또 하나의 자녀 교육서가 아닙니다. 부모를 위한 책은 수없이 많지만, 실제로 부모를 변화시키는 책은 찾기가 어렵습니다. 저자는 자신이 자녀를 키우면서 씨름했던 생생한 경험, 부모 상담과 코칭을 하면서 접했던 가슴 먹먹한 사례들을 통해 무엇이 진정한 '부모 됨'인지 진술하게 밝힙니다. 이 책을 읽노라면 마치 저자와 함께 산책하며 대화를 나누듯 부모의 마음이 치유되고 자녀 교육에 대한 새로운 희망이 피어오릅니다. 어떻게 하면 하나님이 디자인하신 자녀 교육을 회복할 수 있을까요?

이 책은 저자가 깊이 묵상한 성경 말씀에 근거해 부모의 일상을 어루만짐으로써 부모를 하나님과 자녀를 연결하는 다리가 되게 합니다. 자녀 교육의 왜곡되고 웅어리진 부분을 하나씩 짚어주면서 먼저 부모 된 우리가 치유와 회복을 경험하게 합니다. 자녀 교육만이 아니라 부모의 신앙까지 첫사랑을 되찾게 하는 신비한 힘이 있습니다.

그리고 그동안 무면허 운전을 하듯 면허 없이 부모 노릇을 하던 독자들에게 하나님이 주시는 근사한 '부모 면허증'을 선사합니다. 이 책은 이 땅의 모든 크리스천 부모들이 읽어야 할 필독서이며, 교회마다 부모들이 삼삼오오 둘러앉아 함께 읽고 나눠야 할 자녀 교육의 교과서입니다.

박상진 장로회신학대학교 기독교교육학 교수

저는 저자가 그리스도인이 되고 나서 같은 교회 대학부에서 신앙생활을 했습니다. 당시 저자는 매일 말씀을 읽으며 그리스도 안에서 얻은 새 생명의 감격을 누리고, 자신의 삶에 말씀을 적용하기 위해 참으로 치열하게 살았습니다. 이 책을 읽으면서 그 시절 이후 저자의 신앙고백을 듣는 것 같아 특별한 감동이 있었습니다.

자녀 교육은 기독교의 핵심 주제 중 하나입니다. 성경은 물론 고대 교부들이나 종교개혁자들도 자녀를 교육하기 위해 부모가 갖춰야 할 심성과 태도, 구체적 행동 지침을 다룹니다. 그런데 이 책은 '부모 면허'라는 신선한 개념을 제시합니다. 운전하는 데 필수적이고 특정 기술을 사용하는 데 꼭 필요한 면허와 달리 세상과 교회는 부모가 되는데 면허가 필요하다고 주장하지 않습니다.

그러나 이 책은 '학부모'로 대체되고 만 부모의 사명을 성경의 진리와 상담과 코칭 기술로 새롭게 접근하며 부모 됨의 의미와 역할을 일깨웁니다. 이미 여러 강의로 입증된 저자의 메시지가 이 책을 통해 더 많은 부모에게 도움을 주리라 믿습니다. '문제 부모는 있어도 문제아는 없다'는 말은 여전히 유효한, 무서운 경고입니다.

이 책을 통해 부모 됨의 축복과 거룩한 부담을 재확인하고 새롭게 되는 부모들이 많아지기를 기도합니다. 전보다 편리하고 좋은 시절에 살지만, 아이를 키우기는 더 어려운 이때 부모라면 더 늦기 전에, 예비 부모는 하루빨리 부모 면허를 취득해야 합니다. 무면허 혹은 유효기간이 지난 면허나 장롱면허 상태로 힘겹게 부모 노릇을 하고 계신 분들도 속히 '부모 면허'를 갱신하길 소망합니다.

이정숙 햇불트리니티신학대학원대학교 교회사 교수 · 5대 총장

우리는 살면서 자녀 역할을 시작으로 가정, 학교, 사회의 일원으로서 다양한 역할을 경험합니다. 그중 부모의 영향력은 생을 마감한 다음에도 이어질 수 있어 중요합니다. 누구나 부모 역할을 잘 감당

함으로써 자녀의 행복을 보장해주고 싶지만, 그 방법이 불확실하고 쉽지 않습니다. 빠르게 변화하는 시대에 물질적 풍요나 사회적 성취가 개인의 행복을 보장한다고 믿으며 진정한 자녀 교육의 목적이 왜곡되는 것을 볼 때 슬프고 안타깝습니다. 더구나 한두 자녀를 실패 없이 잘 키워야 한다는 부담이 가중된 현실도 그렇습니다.

저자는 이러한 시대적 요구에 부응해 이 책 《부모 면허》를 통해 바람직한 부모의 역할을 배우고 익히는 방법을 효과적으로 제시했습니다. 개인이 정서적으로 건강하게 사는 데 꼭 필요한 영양소는 '조건 없는 부모의 사랑'입니다. 저자는 토머스 고든의 '효과적인 부모 역할 훈련'(P.E.T.)을 통해 부모 자녀 간 관계를 개선하고, 자녀가 자기 길을 올곧게 가도록 성경 말씀과 윌리엄 글래서의 '선택 이론'을 효과적으로 접목해 안내합니다. 이러한 접근은 기독교 신자가 아닌 이들에게도 유용하리라 믿습니다. 부모 자녀 관계뿐만 아니라 모든 인간관계의 갈등 상황에서 이 방법을 적용하고 살아내면서 긍정적인 경험을 쌓길 진심으로 바랍니다. 그 과정을 통해 심리적, 정신적 욕구 충족을 경험하고 이웃과 함께 성장하며, 우리 모두의 건강과 행복을 보장하는 원동력이 될 것을 확신합니다.

김인자 한국심리상담연구소 소장 · 서강대 명예교수

하나님의 관점으로
자녀를 기를 수 있다면

부모는 하나님과 자녀 사이에 있는 존재이다. 하나님 앞에서는 '하나님의 자녀를 맡은 청지기'로, 자녀 앞에서는 '하나님께서 세우신 리더'로 서 있다. 가정이라는 한 공간에서 자신의 삶을 몇 십 년간 보여주며 상대의 인생길을 안내하는 리더는 부모뿐이다. 세상에 수많은 리더가 있지만, 이런 막중한 임무를 부여받은 리더가 부모 외에 또 누가 있겠는가.

하나님께서는 자녀의 리더 역할을 감당하는 부모에게 대리적 권위와 힘을 주셨다. 그 힘을 잘 사용하면 위대한 부모가 될 수 있지만, 그 힘을 잘못 사용하면 위험한 부모가 될 수 있다. 사람들과 일대일로 만나 상담과 코칭을 해오면서 거의 모든 사례에서 절실하게 깨달은 한 가지가 있다. 그것은 부모가 그들의 자녀에게 얼마나 절대적인 힘과 영향을 미치는가 하는 것이다. 그리고 부모의 원함과 달리 자녀의 삶에 위험한 결과를 초래하는 경우를 자주 접한다.

하나님의 관점을 회복하라

가정은 남들에게 말할 수 없는 각자의 사연이 쌓여가는, 인간 공동체 중에서 가장 은밀한 곳이다. 그래서 가정이 표리부동하고 위선적인 신앙이 싹트고 자라는 온상이 되기 쉬운 것도 사실이다. 그렇기에 가정의 리더인 부모가 '하나님의 관점'을 회복하는 것이 더욱 절실하다.

그렇다면 가정에서 하나님의 관점을 회복한다는 것은 무슨 의미일까? 하나님께서 부모를 어떤 사람으로 정의하고, 부모에게 무엇을 기대하시는지 알고, 우리의 자녀를 어떤 존재로 보고 계시는지 깨달아 그대로 살아내는 것이다. 하나님은 자녀들의 기독교 세계관이 가정에서 그렇게 시작되기를 원하신다. 자녀가 교회에서 하나님에 대해 배우고 가정으로 돌아왔을 때 부모가 하나님의 관점과 그분의 뜻대로 살고자 애쓰는 모습을 볼 수 있어야 한다.

그런데 교회에서 신실해 보였던 부모가 집으로 돌아가는 차 안에서부터 달라지는 모습을 보면 자녀들은 믿음에 대해 큰 혼란을 겪고, 심하면 교회를 떠나기도 한다. 교회를 떠난 하나님의 자녀들이 행복할 리 없고, 그들이 언젠가 하나님께 다시 돌아온다 해도 그들을 향한 하나님의 꿈의 성취는 요원하다. 그러므로 교회에 다니고 있지만, 하나님의 관점을 잃어버린 부모는 자녀의 신앙뿐 아니라 행복조차 지켜내기가 어렵다.

부모학교에서 가르치는 것

불신 가정에서 태어나 20년 넘게 하나님을 모르고 살던 내가 하나님을 만나고 나서 결혼을 하고 자녀를 낳았다. 나 역시 하나님의 관점으로 무장하고 하나님의 통치에 순종하기를 간절히 바라면서도 부모로서 구체적으로 어떻게 살아야 하는지 그 방법은 알지 못했다.

어린 자녀를 기르면서 마주하는 수많은 문제 앞에서 하나님이 원하시는 부모의 역할을 가르쳐달라고 하나님께 간절히 기도했다. 하나님께서는 하나님의 특별계시인 성경과 상담심리와 전문적인 의사소통 기술과 코칭 등을 구슬처럼 엮어서 부모인 나와 내 자녀들을 길러주셨다. 크리스천 부모에게는 더욱 전략적인 부모 교육이 필요하다는 것도 가르쳐주셨다. 그 인도하심을 따라 내가 살고, 또 다른 가정의 부모들을 안내했던 경험들이 쌓여 '박인경 코치의 부모학교'가 되었다. 세월이 흘러 모든 사역이 육체적으로 힘겨운 이때 그 내용을 풀어 책으로 출간할 용기를 내보았다.

부모학교는 총 3학기 과정으로, 1학기는 부모 의사소통학교, 2학기는 부모 상담코칭학교, 3학기는 부모 말씀비전학교 과정으로 구성되어 있다. 각 과정을 통해 의사소통 기술을 습득하여 자녀와 긍정적인 관계를 맺고, 부모가 먼저 자신을 이해하고 치유되어 자녀에게 치유자가 되고 나아가 자녀를 응원하는 부모가 되기를 바란다. 그런 건강한 가정에서 부모들이 배운 말씀 묵상을 자녀에게 안내하고 함께 그 은혜를 나누며 가정예배를 세워갈 수 있도록 실제적으로 훈련한다.

부모에게도 면허가 필요하다

부모도 '부모의 자리'에 합당한 올바른 배움과 훈련이 필요하다. 자동차가 큰 힘과 빠른 속력을 낼 수 있어서 안전하게 운전할 수 있는 면허와 자격이 필요하듯이, 하나님께서 한 인간을 키우는 막강한 힘과 큰 권위를 주셨기에 부모는 그 힘을 쓰는 방법을 배워야만 한다. 부모가 부여받은 힘을 바르게 사용하는 구체적인 방법을 배우는 것, 그것이 바로 '부모 면허'의 기본 의미이다.

자녀가 어릴 때뿐만 아니라 성인이 되어도 부모는 배우고 변화해야 한다. 성경은 하나님이 하신 일을 "네 아들들과 네 손자들에게 알게 하라"(신 4:9)라고 명령한다. 초고령사회 진입을 앞두고 부모로 살아야 하는 시간은 점점 더 길어지고, 부모의 작품인 자녀의 삶을 오랫동안 곁에서 지켜봐야 하기에 하나님이 원하시는 부모의 역할을 끝까지 배우고 익혀야 한다.

세 학기 강의 내용을 이 작은 책으로 전하는 데는 분명히 한계가 있을 것이다. 특히 부모의 굳어진 생활을 훈련하는 데 부족하겠지만, 구체적인 의사소통 기술과 말씀 묵상법을 실천하고 각 장의 마지막에 있는 '부모, 멈춤의 시간'을 활용해서 나누면 도움이 될 것이다. 가정에서 부부가 함께하거나 교회나 학교 소모임에서 이 책을 함께 나누고 점검할 때 더욱 실제적인 도움이 되리라 생각한다. 부모학교 강의를 듣는 가정들이 그랬듯이 이 책을 통해 '부모는 사랑이 많아야 한다' 또는 '엄격해야 한다', '믿음으로 키워야 한다' 등의 추상적인 안내가 아닌 실제적이고 구체적인 부모 교육이 되기를 기대하며 기도한다.

하늘나라에 먼저 안착한 나의 가장 좋은 친구이자 연인,

스승인 남편 손창수 목사와

서툰 나에게 이른 비와 늦은 비처럼 찾아온

귀한 두 딸 예은이와 정은이,

그리고 사돈들의 기도와 사랑으로 빚어주신

멋진 사위 최지원 목사와 조만간 나타날 막내 사위,

깊은 고난의 때에 우리 가정의 담임목사님이 되어주신 한홍 목사님,

무엇보다 이 책의 출간을 위해 중보해준 많은 벗들.

나의 인생길에 그들이 보여준 사랑과 기도와 따뜻한 응원에 감사하며…

이 책을 나의 첫사랑 주님께 드립니다.

박인경

부모는 자녀의
영적 리더이다

내가 아브라함을 선택한 것은, 그가 자식들과 자손을 잘 가르쳐서, 나에게 순종하게 하고, 옳고 바른 일을 하도록 가르치라는 뜻에서 한 것이다. 그의 자손이 아브라함에게 배운 대로 하면, 나는 아브라함에게 약속한 대로 다 이루어주겠다. 창 18:19, 새번역

하나님의 관점에서 '부모'를 정의하는 대표적인 말씀이다. 부모는 자신이 먼저 믿음과 말씀으로 무장하고, 자녀에게 하나님의 도를 가르쳐 지키게 하는 사람이다. 이것이 부모의 가장 근본적인 역할이다. 또한 "내가 너를 모태에서 짓기도 전에 너를 선택하고, 네가 태어나기도 전에 너를 거룩하게 구별해서, 뭇 민족에게 보낼 예언자로 세웠다"(렘 1:5, 새번역)라는 말씀을 통해 하나님

의 관점으로 바라본 자녀는 그 작은 생명이 아직 태어나기도 전에 하나님의 사명을 받은 자라고 말씀하신다. 부모는 하나님의 자녀를 맡은 양부모이며 하나님의 사명자를 맡은 청지기이다. 하나님께 선택된 위탁 부모인 셈이다.

하나님의 자녀를 돌보는 사명

언젠가 TV에 시각장애인의 안내견을 훈련하는 학교가 나온 것을 보았다. 어린 강아지들은 선발된 위탁가정에서 일정 기간 돌봄을 받다가 때가 되면 훈련 학교에 입소해 정식 안내견 훈련을 받았다. 일반 반려견과 달리 시각장애인 안내견을 돌보려면 위탁가정에서 지켜야 할 양육 규칙이 있고, 위탁자 교육도 받아야 했다. 위탁가정에서 사랑으로 돌본 안내견을 다시 학교에 보내고 돌아가던 날, 위탁 가족은 발길을 돌리지 못하고 학교 근처를 서성이며 울었다. 그간 강아지를 키우며 정도 많이 들고, 앞으로 누군가의 안내견이 되어 살아갈 것을 안타까워하는 마음도 있었으리라.

그 방송을 보면서 나도 많이 울었다. 하나님 앞에 회개하며 탄식하는 눈물이었다. 동물도 누군가의 눈과 손과 발이 되는 고귀한 삶을 살기 위해서는 일반 반려견과 똑같이 키울 수 없다고 한다. 그래서 안내견 학교에서 위탁자를 가르치고 배운 것을 명심하며 키운다는데, 하물며 하나님께서 맡기신 자녀를 키우는 부모가 어찌 그 사실을 모르는 세상 부모들과 똑같은 방법으로 자녀를 키우겠는가! 작고 여려도 하나님의 사명을 가지고 태어난 자녀들을 어찌 제대로 된 부모 교육 한번 받지 않은 채 부모의 소견대로 키운단 말인가. 하나님 앞에서 참으로 두려운 일이 아닐 수 없다! 그런데 나 역시 그 두려운 일을 저지르고 있었다.

어쩔 줄 몰라 쩔쩔매는 부모들

나는 주님을 모르는 가정에서 태어나 20대 중반에 주님을 극적으로 영접했다. 교회 대학부와 선교단체에서 만난 좋은 리더들에게 제자훈련을 받고, 교회와 대학 캠퍼스에서 6년간 영혼들을 전도하고 양육하는 은혜를 누렸다. 그리고 결혼을 위해 기도하던 중 전도사를 만나 뜻하지 않게 교회 사모가 되었다. 그런 내가 첫아이를 낳아 키우면서 알게 된 것이 있다. 나는 좋은 부모가 되기 위해 아무런 준비도, 어떤 교육도 되어 있지 않았다는 것을!

엄마 역할을 난생처음 해보면서 순간순간 어찌할 바를 모르는 상태로 아이에게 끌려다니다가 야단을 쳤고, 아이의 학습을 도와주면서 관계는 더 나빠졌다. 내 손이 닿을수록 아이가 잘못되는 것 같았다. 하나님을 만나 눈물로 영혼들을 전도하고 양육했지만, 내가 낳은 하나님의 자녀는 어떻게 키워야 할지 알지 못했다. 나는 능숙하지도, 안정적이지도 않은 부모였다.

첫아이를 키우며 순간순간 간절한 소원이 있었다. 제발 누군가 나타나 이럴 때는 이렇게 하고, 저럴 때는 저렇게 하면 된다고 가르쳐줬으면 좋겠다는 절박한 바람이었다. 하지만 떠오르는 건 믿음 없이 나를 키우신 부모님이 전부였다. 그래서 더욱 간절히 기도했다.

"하나님, 제 아이 좀 길러주세요. 아이와 제가 너무 다르고, 엄마인 저는 뭘 어떻게 해야 할지 모르겠어요. 아이 앞에만 서면 왜 이렇게 화도 잘 내고 세상 사람들과 똑같이 되는 걸까요? 하나님의 뜻대로 키우려면 구체적으로 어떻게 해야 하는지 방법을 좀 가르쳐주세요. 이다음에 저처럼 힘들어하는 부모들도 도울 수 있게 저 좀 도와주세요. 제발 제 아이 좀 길러주세요!"

주님은 이런 내 기도에 신실하게 응답하셨고, 그때부터 주님은 부모인 나를 가르치시며 양육해가기 시작하셨다.

내가 자녀를 키우던 시절에는 부모들이 교육을 받을 만한 곳이 거의 없었다. 요즘도 크리스천 부모들을 교육하는 곳이 많지 않고, 세상의 부모들을 위한 교육 또한 흔치 않다. 부모 교육을 다루는 강의나 책들도 가정에서 겪는 '어느 한 부분'을 다루는 경우가 대부분이다. 그러나 부모와 자녀가 날마다 부딪치며 도움이 필요한 부분은 얼마나 다양하고 광범위한가! 따라서 그 부분을 단계별로, 전략적으로 교육해야 한다.

그 교육을 통해 부모의 역할을 명확히 알고, 그에 따른 구체적인 기술을 습득할 수 있어야 한다. 교회에만 자녀의 신앙 교육을 맡긴 채 나머지 시간을 세상 사람들과 똑같이 살아온 크리스천 부모들! 그들은 '신앙 없는 부모들'이 아니라 부모의 역할을 배우지 못해 '어쩔 줄 몰라 쩔쩔매는 부모들'이다. 부모학교를 통해 부모들이 자신의 역할을 확실히 알고, 노력해서 배우고 기도하면서 그 가정에 하나님의 역사가 일어나는 것을 지켜보았다. 리더인 부모가 하나님 뜻대로 변화하거나, 변화하려고 애쓰는 것을 보게 된 자녀는 기꺼이 변화하기 때문이다.

복음의 바통을 건네는 일

이 책을 집필할 때 전 세계적으로 유행한 '코로나바이러스감염증-19'라는 바이러스성 질병 앞에 온 세상이 속수무책이었다. 코로나 BC(Before Corona)와 AD(After Disease)로 나뉜다고 할 정도로 많은 것들이 달라졌다. 주님 오실 날은 가까워지고 가족들이 집에 머무는 시간은 늘어가는데 하나님이 원하시는 부모 역할에 준비된 부모는 많지 않다.

코로나19로 큰 영향을 받은 곳 중에 교회가 있다. 성도들이 교회에서 예배하지 못하는 시간이 길어지면서 각 가정에서 영상으로 예배를 드리는 초유의 사태가 벌어졌다. 그리고 가정에서 예배를 드리며 겪는 고충을 듣게 된다. 평소 교회에서만 예배를 드리던 가정은 자녀들과 함께 집에서 예배하는 것이 너무 힘들고 어색하다고 고백한다. 집에서 자녀들과 함께 예배할 수 있는 가정과 그렇지 못한 가정이 있다는 말이다. 그야말로 예배가 무너지는 심각한 상황이다.

이 마지막 때에 부모는 깨어서 가정의 청지기이자 영적 리더로 준비되어야 한다. 자녀는 부모의 양육과 그 뒷모습을 보며 크리스천으로서 사는 법을 배운다. 가족은 모여서 뜨겁게 예배할 수 있어야 하고, 교회는 다음 세대 교육을 위한 부모 교육에 힘써야 한다. 부모가 살아나야 다음 세대가 살아나기 때문이다. 다음 세대를 위한 가장 효율적이고도 절박한 교회 교육이다.

크리스천 부모에게 자녀는 '얻어야 할 한 영혼'이다. 믿는 부모의 자녀로 태어났어도, 부모와 손잡고 교회를 다녀도 나의 자녀는 '이미 얻은 영혼'이 아니다. 세상에 빼앗기지 않도록 부모인 내가 얻어야 할 한 영혼이다. 그들의 마음을 사로잡아 감동을 주고 그들 곁에 기꺼이 머무르며, 하나님 안에서 건강하고 행복한 부모의 삶을 보여주며 '돈 들여'서가 아니라 '공들여' 키워야 할 한 영혼이다.

그리하여 그들이 하나님과 깊이 사귀며 주신 사명을 향해 기쁘게 달려가도록 부모가 주님께 받은 '복음의 바통'을 자녀의 손에 온전히 건네주어야 한다. 그리고 행여 그 바통을 떨어뜨릴 새라 부모는 사는 동안 기도로 자녀를 돌봐야 한다. 그쯤 되면 부모는 곤하고 지쳐 주님 뵈올 날이 가까울 것이다. 육신과 마음이 약해진 부모는 이 땅의 자녀 품에서 주님께 안기지 않을까. 그래서 내 자녀는 나를 주님께 보내줄 가장 귀한 한 영혼이자, 내가 이 땅에 남겨야 할 하나님의 사람이다.

차례

CHAPTER

말씀 묵상의 부모 면허

부모, 멈춤의 시간

딸들의 편지

CHAPTER 1

자녀를 바라보는
새로운 관점

부모인가,
학부모인가?

부모라면 자녀를 어떤 관점과 눈길로 바라봐야 할까. '바라봄의 중요성'은 아무리 강조해도 지나치지 않다. 특히 어린 자녀에게 부모는 광활한 우주와도 같은 존재이다. 부모가 자녀를 어떤 눈으로 바라보는가 하는 것은 자녀가 자신을 이해하는 매우 중요하고도 결정적인 단서가 된다. 그런 의미에서 자녀를 바라보는 '최고의 관점'을 이야기하기 전에 자녀를 바라보는 '가장 위험한 관점'부터 다뤄보고자 한다.

단점에 집중하는 것은 위험하다
40년간 미국과 일본에서 교육자의 길을 걸으며 세 자녀를 인재로 길러낸 장병혜 박사는 《아이는 99% 엄마의 노력으로 완성

된다》(중앙북스)라는 책에서 "한국의 어머니들은 다른 나라의 어머니들보다 자녀를 끔찍이 위하면서도 자신의 아이를 깔보는 경향이 있다"라고 지적했다.

내가 만난 많은 부모 중에도 자녀를 귀히 여기면서 신기할 만큼 자녀의 장점보다는 단점에 집중하는 부모들이 있었다. 심지어 자녀를 보면 단점만 보인다는 부모들도 만난다. 몇 년 전, 부모연수를 진행했던 어느 학교에서 "자녀의 단점 때문에 아이를 볼 때마다 화를 주체할 수 없다"는 어머니의 고민을 들은 적도 있다. 자녀의 장점은 당연해 보이는데, 단점은 유난히 도드라져 보여서 고쳐주고 싶은 것이 부모의 마음이다.

나는 부모가 자녀를 바라보는 눈이 흡사 '택배를 받아보는 눈' 같다고 표현하기도 한다. 택배 상자를 뜯어볼 때 설레는 마음도 잠시뿐 배달된 상품이 내가 원하는 상품이 맞는지, 하자는 없는지 꼼꼼히 살펴보게 된다. 자녀를 임신하고 출산할 때도 부모의 마음은 한없이 설렌다. 그러나 아이가 자라면서 내가 원하고 생각했던 자녀가 맞는지 뜯어보게 되고, 어디 흠은 없는지 살펴보게 된다. 그런 부모의 눈에 자녀의 단점이 두드러져 보이는 것은 어쩌면 당연할지 모르겠다.

그렇다면 부모들은 왜 자녀의 단점과 약점에 눈과 마음이 가고 걱정스러운 걸까? 부모이기에 자녀를 걱정하는 것은 당연하기만 한 것일까?

그것은 대다수 부모가 자신의 내면에 자리한 염려와 두려움과 부정적인 자아상으로 자녀를 바라보기 때문이다. 길다면 길고 짧다면 짧은 부모의 인생은 그리 녹록지 않다. 그런데 내 앞에서 자라는 아이는 그것을 모르는 것 같고 아무 생각이 없어 보인다. 그러니 아이에게 겁을 줘서라도 경각심을 일깨워주고 싶고, 공부라도 열심히 해야 살 수 있다고 말해주고 싶은 것이다. 결국 부모가 느끼는 두려움과 걱정에 자녀를 꽁꽁 묶어놓고, 죽도록 열심히 하지 않으면 절대 성공할 수 없다고 날마다 자녀에게 경고하게 된다.

그러다 보니 자녀의 좋은 점보다는 부족한 점이 보이고, 부족한 점을 다른 아이와 자꾸 비교하게 된다. 비교하는 것 자체가 좋은 것이 아닌데, 자녀의 약점이나 단점을 가지고 다른 아이와 비교하니까 자녀가 잘하는 거라곤 없는 한심한 아이로 보일 때가 많다. 내 아이는 순식간에 부모의 큰 걱정거리가 되고 만다. 정말 내 아이는 아무 생각 없는 걱정덩어리일까?

몇 년 전, 중학생 두 명을 비슷한 시기에 코칭할 기회가 있었다. 둘 다 남학생이었다. 청소년 코칭은 내 전문분야가 아니었지만, 부모님들의 간곡한 부탁으로 맡게 된 아이들이었다. 한 명씩 따로 코칭을 진행했는데, 공교롭게도 두 학생이 사는 동네와 나이, 성적 등 비슷한 부분이 많았다. 그런데 그들을 바라보는 어머니들의 시선은 매우 달랐다.

A학생의 어머니는 무난한 편이었고, B학생의 어머니는 자녀를 턱없이 부족하게 보면서 걱정과 강요가 심했다. A학생은 코칭이 진행되자 점차 자신을 알아가며 자신만의 장점에 눈을 떴다. 그러나 B학생은 자기 내면의 이름 모를 분노와 싸우느라 힘들어했다. 그리고 분노의 감정을 분출하느라 자신을 돌볼 여력이 조금도 없었다. 겉으로 보면 또래 소년들인데, 한 학생은 이미 힘겨운 인생을 살고 있었다. 자녀를 걱정거리로 여기는 부모의 부당하고 부정적인 생각과 눈길이 얼마나 파괴적인지를 뼈저리게 경험하는 시간이었다.

학부모이기 전에 부모!

한국의 부모들이 자녀를 두려움과 염려와 급한 마음으로 바라보며 다그치는 가장 큰 이유는 자신의 역할 중에서 '학부모' 역할을 가장 중요하게 생각하기 때문이다. 아니, 대다수 부모가 자신을 학부모라고 생각한다. 오죽하면 자녀를 잘 기르기 위해서는 엄마의 정보력과 아빠의 무관심과 할아버지의 재력이 필요하다는 우스갯소리가 나왔겠는가.

그렇다면 부모와 학부모의 차이는 무엇인가? 부모에게는 다양한 역할이 있다. 자녀가 어릴 때는 '양육자' 역할, 자녀가 점차 자라면서는 '상담가와 코치' 역할, 가장 중요한 '영적 리더' 역할 등 실로 많은 역할을 감당해야 한다. 그 많은 부모의 역할 중 하나가 학부모 역할일 뿐이다. 학부모란 '학생을 자녀로 둔 부모'를 말한다. 다시 말해, 학습자인 자녀를 돕는 부모의 역할이다. 그것도 부모의 중요한 역할 중 하나이지만, 부모의 대표적인 역할이 될 수는 없다. 간단히 그림으로 설명하면 다음과 같다.

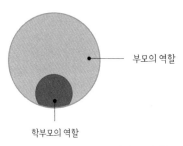

부모의 역할

학부모의 역할

그림1 부모와 학부모의 역할 관계

신기한 것은 내가 '부모' 입장에서 자녀를 떠올릴 때와 '학부모' 입장에서 자녀를 떠올릴 때 느끼는 감정이 전혀 다르다는 것이다. 부모 입장에서 자녀를 한번 떠올려보자. 아이가 태어나던 순간, 아장아장 첫걸음을 떼던 그 작은 발, 교복을 입고 학교로 달려가던 뒷모습, 부족한 부모를 그토록 따르며 함께하던 모습 등 모든 것이 감사하고 따뜻하고 감동적이다.

그런데 내가 학부모로서 자녀를 바라보면 감사가 아닌 감시를 하게 되고, 감동이 아닌 질책을 하게 된다. 공부는 잘하고 있나 지켜보다가 뭔가 하나 마음에 들지 않으면 "나는 너를 위해 이렇게 최선을 다하는데, 너는 이것밖에 못하느냐"라며 몰아붙인다. 그때마다 자녀의 자존감은 한없이 무너져내린다. 부모 자신은 전혀 부족함이 없는 것처럼 자녀의 부족함만 지적하는 상황이 반복된다.

부모가 자신을 학부모로 인식하면 자녀를 있는 그대로 보기가 어렵다. 부모가 그리는 자녀에 대한 이상적인 모습이 있으니 그 아이가 제대로 보일 리 만무하다. 부모 혼자 발을 동동 구르며 마음만 급해서 자녀와의 관계는 물론이고 모든 일을 그르치기가 십상이다. 하나님이 자녀를 바라보시는 눈길을 깨닫는 일도, 자녀에게 심어놓으신 사명과 장점을 발견하는 일도 모두 어려울 것이다.

그러므로 학부모의 역할을 제대로 하기 위해서라도 자신이 학부모이기 전에 부모임을 기억해야 한다. 그래야 부모라는 리더가 감당해야 할 수많은 역할을 균형감 있게 해나갈 수 있을 것이다. 다시 한번 기억하자. 학부모이기 전에 부모이다!

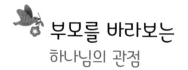 부모를 바라보는
하나님의 관점

부모에게는 하나님께서 특별히 주신 힘이 있다. 하나님이 부모에게 자녀를 맡기실 때 잘 길러주기를 바라며 주신 권위요 힘이다. 그 힘을 잘 사용하면 부모인 내가 부족해도 하나님의 뜻을 이뤄드리는 위대한 부모가 될 수 있다. 힘을 잘 사용한다는 것은, 힘을 주신 분의 의도대로 사용함을 말한다. 그러기 위해 먼저 확실히 해야 할 것이 있는데, 바로 '관점'이다.

부모 자신과 자녀를 바라보는 관점이 하나님의 관점으로 변화해야 한다. 그중에서도 부모인 자신을 바라보는 관점이 먼저 변화해야 한다. 하나님께서는 부모인 나를 어떤 사람이라고 말씀하시고, 무엇을 기대하며 보고 계시는지를 명확히 알아야 한다.

하나님의 도를 가르치는 부모

부모는 믿음과 말씀으로 무장하고 살면서 자녀에게 하나님의 도를 가르쳐 지키게 할 역할이 있다. 자녀가 없던 아브라함에게 하나님이 "사라에게 아들이 있으리라"(창 18:14)라고 말씀하신 후에 주신 말씀을 보라.

내가 그로 그 자식과 권속에게 명하여 여호와의 도를 지켜 의와 공도를 행하게 하려고 그를 택하였나니 이는 나 여호와가 아브라함에게 대하여 말한 일을 이루려 함이니라 창 18:19

신명기 말씀을 통해서도 다음과 같이 말씀하셨다.

오직 너는 스스로 삼가며 네 마음을 힘써 지키라 그리하여 네가 눈으로 본 그 일을 잊어버리지 말라 네가 생존하는 날 동안에 그 일들이 네 마음에서 떠나지 않도록 조심하라 너는 그 일들을 네 아들들과 네 손자들에게 알게 하라 신 4:9

그렇다. 하나님께서는 그분이 어떤 분인지, 부모와 어떻게 동행하셨고, 부모를 위해 어떤 일을 하셨는지 자자손손에게 알리기를 원하신다. 하나님의 말씀과 부모를 통해 전하고자 하신다. 자녀 앞에서 살아 계신 하나님을 간증하는 부모, 자녀에게 주님의 마음으로 말씀을 전하는 부모를 주님은 찾고 찾으신다.

애끓는 연어의 사명

부모들이 하나님의 말씀을 너무 많이 듣고 알아서일까? 성경에서 이런 말씀을 보면 '아, 내가 아는 그 말씀이구나. 그렇지. 예수 믿는 부모라면 그래야지' 하며 대수롭지 않게 넘기곤 한다. 그러나 실제로 부모들이 어떻게 시간을 사용하고, 어디에 돈을 쓰고, 무엇을 위해 애타게 기도하는지 알면 말씀을 알면서도 살아내지 못하는 우리의 민낯을 발견하는 것은 그리 어려운 일이 아니다.

어느 교회에서 진행한 부모학교 강의를 듣던 한 어머니가 이런 질문을 했다.

"제가 하나님의 관점으로 바뀔 수 있을까요?"

솔직하고 용기가 필요한 질문이었으리라! 부모는 하나님의 자녀이자 그분의 자녀를 키우는 청지기이지만, 자기 자신과 자녀를 하나님의 눈으로 바라보기란 쉽지 않다. 그래서 부모의 끈질긴 노력과 훈련과 몸부림이 필요하다.

코칭을 배울 때 어느 교수님이 들려주신 이야기이다. 미국 포틀랜드에 연어들이 산란하기 위해 강 상류로 거슬러 올라갈 때를 관찰할 수 있는 곳이 있다고 한다. 교수님이 그곳을 두 번 찾아가 그 광경을 보았는데, 두 번째 방문할 때는 좀 더 가까운 곳에서 볼 수 있었다. 그런데 힘차게 강을 거슬러 올라가는 연어들을 가까이에서 보니까 물살과 바위에 찢겨 너덜너덜한 몸이 보였다고 한다. 멀리서 볼 때는 그야말로 멋진 광경이었는데, 가까이에서 보고 나니까 마음이 먹먹했다는 이야기였다.

그 이야기를 듣는 내 마음에도 큰 파장이 일었다. 연어 같은 미물도 창조주로부터 받은 부모의 사명을 다하고자 그토록 몸부림치는데, 하나님의 자녀를 맡은 우리는 부모의 사명을 다하고자 얼마나 몸부림쳤던가! 어떤 몸부림을 치고 있는가!

부모가 먼저 배워야 한다

성경을 읽다 보면 "부모의 삶이 이러하면 네 자녀는 이러하리라"라고 말씀하신 부분이 많다. 부모로서 옷깃을 여미게 만드는 말씀들이다. 그러다 "네가 네 하나님의 율법을 잊었으니 나도 네 자녀들을 잊어버리리라"(호 4:6)라는 말씀을 읽고는 정신이 번쩍 들었다. 부모인 내가 가장 소중한 하나님의 말씀을 잊어버릴 때 하나님께서도 나의 소중한 자녀들을 잊어버리시겠다는 경고의 말씀이었다. '나는 하나님의 말씀을 잊지 않고 살았다'고 생각하는 부모들은 잘 생각해보아야 한다. 잊지는 않았지만, 혹 잊은 것처럼 살지는 않았는가. 부모의 삶은 반드시 그 자녀에게 영향을 미친다.

부모 교육은 크게 '부모 자신을 교육하는' 부모 교육과 '자녀

를 기르는 방법을 교육하는' 부모 교육으로 나뉜다. 전자가 후
자보다 훨씬 더 중요하다. 전자가 되어 있지 않은데 후자를 교
육하는 것은 그릇이 제대로 준비되지도 않았는데 중요한 것을
쏟아붓는 것과 같다. 부모는 자녀를 교육하기 전에 또는 적어
도 자녀를 교육할 때 자신이 먼저 배워야 한다.

그런데 대한민국은 온통 학부모들로 가득하다. 남들이 하는
대로 조금이라도 더 가르치려 하고, 할 수만 있다면 어떻게든 한
명이라도 경쟁에서 따라잡고 더 좋은 대학에 보내려고 아우성을
친다. 우리 모두 조금만 여유를 갖고 생각해보자. 교육이라고
는 대학에 보내는 것이 전부인 양 자녀를 키우는 나를 주님께서
기억하시고, 내 자녀를 이 땅에 태어나게 하신 그 뜻을 이루시겠
는가? 아니, 이루실 수 있겠는가!

하나님의 사랑에 매인 삶

하나님께 받은 뜻과 고귀한 자녀들의 은사와 장점을 살피
지 않고 살려내지도 못한 채 공부만 강요하고, 대학만 가면 모
든 것이 다 잘될 것처럼 아이들을 몰아세우더니 아이들이 대학
에 가면 어떤 일이 벌어지는가? 전공이 적성에 맞지 않아 휴학과
편입을 반복하거나 직장에 들어간 지 얼마 되지 않아 퇴사하고,
'나는 누구인가?' 혼란 속으로 빠져드는 아이들을 본다. 그래서
요즘 청년들은 대학에 가서 늦은 사춘기를 겪는다. 어린 10대가

아닌 20대에 사춘기를 겪는 자녀들의 일탈은 훨씬 다양하고 파괴적이다. 그 일을 겪어본 부모들은 그런 고생이 없다고 혀를 내두를 정도이다.

자녀들의 참 주인이자 부모는 하나님이시다. 부모는 참 부모이신 하나님의 대리자요 양부모이다. 하나님께서 택하신 위탁부모이다. 그러므로 세상과 자녀에 매인 삶이 아닌 오직 하나님께 매인 삶을 사는 부모가 되어야 한다. 우리는 자녀의 교육과 미래를 염려하다가 세상에 매여버린 고단한 삶을 살기 위해 부모가 된 것이 아니다. 하나님의 사랑에 매여 그 사랑을 자녀에게 전하며 '동역과 상속의 삶'을 살기 위해 부모가 된 것이다.

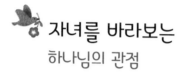

자녀를 바라보는
하나님의 관점

자녀는 한 가정에 보내주신 하나님의 선물이다. 이렇게 말하면 어떤 부모들은 "제 선물이 너무 힘들어요"라는 볼멘소리를 늘어놓는다. 그에 대한 내 대답은 한결같다.

"그 선물도 엄마 아빠가 힘들 때가 있어요."

자녀의 소중함은 자녀를 기르는 가정보다 자녀를 기다리고 있는 가정이 더 잘 안다. 자녀는 하나님만이 주실 수 있는 가장 귀한 선물이다. 그렇다면 하나님께서는 자녀에 대해 어떻게 말씀하실까?

내가 너를 모태에 짓기 전에 너를 알았고 네가 배에서 나오기 전에 너를 성별하였고 너를 여러 나라의 선지자로 세웠노라 **렘 1:5**

이 말씀은 분명 예레미야에게 하신 말씀이지만, 결코 예레미야만을 위해 하신 말씀은 아니다. 하나님은 내 자녀를 이미 아시고, 그가 태어나기도 전에 거룩하게 구별해서 이 땅에서의 사명을 주셨다고 말씀하신다. 그러므로 자녀는 그 작은 생명이 태어나기도 전에 하나님의 사명을 받은 자이고, 이 땅에서 하나님의 사명을 이루어드릴 자이다.

질그릇에 담긴 보배

인간이 지우개 하나를 만들어도 만든 목적과 쓰임새가 있는데, 어찌 하나님께서 천하보다 귀하다는 사람을 창조하시면서 이유가 없고 소원이 없으실까. 내 자녀의 존재 이유와 그를 향한 하나님의 소원을 발견하고 깨달으려면 부모가 깨어 기도해야 한다. 자녀의 DNA에 하나님의 사명이 알알이 박혀 있기 때문이다.

그런데 자녀를 보고 있으면 '과연 저 아이가 하나님의 사명자일까?'라는 생각이 들 때가 있다. 사명자로서 훌륭한 면모가 돋보이기보다는 부족하고 아쉬운 모습이 보일 때가 많기 때문이다. 빛나는 부분은 보이지 않고 금방이라도 깨질 것 같은 투박한 질그릇처럼 말이다. 사실 우리 모두 질그릇이다. 다만 하나님께서 그 보잘것없는 질그릇에 주님의 생명과 영과 기대, 즉 보배를 담으셨다는 사실을 기억해야 한다. 이는 헤아릴 길 없는 은혜이고, 이해할 수 없는 사랑이다.

그러므로 나와 내 자녀는 '보배가 담긴 질그릇'이다. 질그릇처럼 볼품없고 초라하지만, 그 안에 담긴 주님의 영과 생명과 기대로 인해 우리의 가치는 새롭게 책정되어야 한다. 자녀를 볼 때마다 질그릇만 보고 그 안에 담긴 보배를 보지 못한다면 잘못된 눈으로 자녀를 바라보는 것이다.

부모의 눈에 자녀가 한심하고 부족해 보이는 순간이야말로 주님이 그 자녀를 귀히 여기신다는 것을 기억해야 하는 순간이다. 자녀를 바라보는 눈길에 주님의 귀히 여기심이 흘러갈 때 그들은 비로소 살아난다. 부모는 주님께서 자녀를 바라보시는 이 관점을 반드시 견지해야 한다.

학부모의 눈으로만 자녀를 바라보던 부모학교의 한 어머니는 어느 날 큐티책 앞에 "○○는 사명자"라고 크게 적었다. 그 후 자녀를 바라보았더니 자녀가 더 귀하고 사랑스럽게 보이는 것은 물론이고, 미래의 사명자를 함부로 길러서는 안 되겠다는 결심을 하셨다고 한다.

자녀를 새롭게 관찰하라

하나님께서 자녀에게 주신 사명과 장점을 발견하기 위해 부모는 기도하며 자녀를 관찰해야 한다. 여기에서 '관찰한다'는 말은 감시하는 것과는 전혀 다르다. 감시하는 부모는 자녀를 잘 알고 있다고 생각할 때가 많다.

"내가 너 그럴 줄 알았어. 엄마가 다 알아."

그러나 자녀를 관찰하는 부모에게는 '무지'(not knowing)의 자세가 필요하다. 내 자녀로 태어났지만, 자녀는 하나님이 지으셨다. 자녀에게 하나님의 사명을 주시고 그 사명을 이룰 은사를 담으셨기에 하나님의 작품인 자녀를 관찰하며 알아가야 한다.

부모학교에서 이 부분을 강의한 후에 "자녀가 가장 하고 싶은 것이 무엇인지 묻고 함께하라"는 과제를 내준 적이 있다. 과제를 성실히 하던 어느 아버지는 "고양이 카페에 가고 싶다"는 자녀의 말을 듣고 아이가 고양이를 좋아하는 줄은 꿈에도 몰랐다고 말했다. 당연히 아이가 좋아하는 것 정도는 아는 줄 알았는데, 부모로서 자녀에 대해 잘못 아는 것이 얼마나 많을지 순간 두려웠다는 이야기였다.

부모가 자녀를 잘 알 것 같지만 사실 잘 모른다. 자녀는 하나님의 선물이자 사명자이다. 자녀를 관찰하며 알아갈 때 그를 향한 하나님의 뜻도 깨달을 수 있다. 그런데 '내 자식은 내가 제일 잘 안다'고 생각하는 부모들이 너무 많아 문제이다. 실제로 상담이나 코칭을 하다 보면 내담자나 고객들로부터 "자기에 대해 제일 모르는 분은 부모님"이라는 말을 자주 듣는다.

자녀 곁에 머물러주는 부모

부모가 자녀에 대한 선입견을 내려놓고 알아가려면 먼저 자녀 곁에 '머무는'(stay) 부모가 되어야 한다. 그런데 우리나라 부모들은 자녀에게 가르쳐야 할 것이 너무 많다 보니까 몸도 마음도 여유가 없다.

여섯 살 난 딸아이가 "엄마, 나랑 놀아요. 침대에서 꼭 끌어안고 놀아요"라고 할 때면 아이가 너무 게을러 보여서 화가 난다던 어느 어머니 수강생의 말이 생각난다. 어린 자녀와 그 짧은 시간도 함께 머무를 수 없다면 부모는 도대체 무엇을 위해 존재하는가?

아이의 상태와 마음을 따라가며 기뻐할 때나 슬퍼할 때 그 곁에 머물러주는 부모는 그때마다 자녀에 대해 새롭게 알아간다. 그러나 자녀의 문제를 해결해주려고 곧장 뛰어들기 바쁜 부모는 자녀를 알아가기가 어렵다.

내 큰딸은 고3 때 갑자기 성악을 전공하겠다고 폭탄선언을 했다. 우리 부부는 너무 놀랐지만, 하나님께 기도해보기로 했다. 그 일주일 사이에 여러 가지 사인으로 주님의 확실한 응답을 받았다. 게다가 아는 분 아들이 성악을 하는 데 부모가 반대하자 혼자 유학을 가버린 일도 있었다. 우리는 곧바로 딸아이가 성악 레슨을 받을 곳을 알아보았다. 집이 일산이었는데, 레슨 선생님은 인천에 사셨다.

내가 운전을 못 할 때라 새벽부터 바쁘게 사역하던 남편이 일주일에 한 번씩 저녁에 딸아이를 차로 데려다주었다. 딸이 레슨을 받는 동안 남편은 그 집 창가에 차를 세워놓고 기다렸다. 딸아이는 그때 아빠에게 고맙기도 했지만, 많이 미안했다고 한다. 그런데 나중에 아빠에게 편지를 받고 마음이 놓였다고 말했다.

"선생님 집 창가에서 예은이의 노랫소리를 듣고 있으면 아빠는 연인의 창가에서 세레나데를 듣는 것처럼 행복하단다."

이제 성악을 갓 시작한 딸이 노래를 잘 부르면 얼마나 잘 불렀겠으며, 남편은 얼른 끝났으면 하는 날이 왜 없었겠는가. 그러나 그 시간에 남편은 진정으로 딸아이 옆에 머물러 있었다. 딸아이가 얼마나 노래하고 싶어 하고 행복해하는지를 온 마음으로 느끼며 딸의 곁을 지켰고, 성악을 통해 주님이 주신 사명으로 어떻게 걸어갈지 기도하며 딸아이 곁에 머물렀다.

이렇듯 자녀 곁에 기꺼이 머무는 시간, 행복하게 머무는 시간을 확보하자. 잘 모르는 옆집 자녀를 보듯이 낯설게 관찰하되 그 아이가 언제 행복해하는지 유심히 봐두자. 자녀가 행복해하는 것을 통해 그가 사명의 길을 걸어갈 것이기 때문이다.

자녀의 장점을 찾아
강점화하라

하나님께서는 자녀인 우리에게 사명을 주시면서 "네가 알아서 잘해봐"라고 하지 않으신다. 우리는 누구나 하나님의 사명을 이루어드릴 각자의 장점을 가지고 태어난다. 각 사람의 사명이 다르듯이 장점도 다 다르다. 하나님께서는 자녀들이 자신의 장점을 통해 하나님께 헌신하고 기쁘게 타인을 돌보기를 원하신다. 또 부모가 자녀의 장점을 발견해 아이의 강점으로 구현해 주기를 바라신다. 교회 공동체와 학교 선생님, 직장에서 만나는 사람을 통해서도 자녀의 장점이 발견될 수 있지만, 그중에 제일 은 '부모'이다.

장점이 강점이 되는 비결

"구슬이 서 말이라도 꿰어야 보배"라는 말이 있다. 사람은 누구나 하나님께서 주신 장점과 재능과 은사를 가지고 태어난다. 그러나 타고난 장점은 빛도 보지 못한 채 살아가는 사람들이 얼마나 많은가. 자신의 장점을 알고 그 장점을 살려서 일하는 사람들은 그렇지 않은 사람들에 비해 훨씬 수월하고 행복하다. 어려움을 만났을 때도 그동안 행복했던 힘으로 헤쳐나갈 수 있다.

그렇다면 긍정적인 면이나 좋은 점, 곧 장점을 어떻게 하면 남보다 뛰어난 강점으로 만들 수 있을까? 여기서 남보다 뛰어난 강점이란 남들과 경쟁해서 더 잘하라는 뜻이 아니다. 자녀에게 있는 여러 면 중에서 좋은 점, 잘하는 부분을 발견해서 인정하고 알아주다 보면 남들과는 다른 나만의 장점이 강화되는데, 이것이 진정한 '장점의 강점화'이다. 비슷한 장점을 가진 다른 사람과 비교하거나 경쟁하면서 얻어지는 것이 아니다.

자녀의 장점을 발견했을 때 부모는 무엇을 해야 할까? 부모가 발견한 자녀의 장점이 무엇이고, 얼마나 멋진 장점인지 자녀에게 표현하고 전달해야 한다. 부모들은 자녀의 장점을 발견하면 속으로 이렇게 생각할 때가 많다.

'아이고, 웬일이래? 저건 또 잘하네.'

그러나 자녀의 부족한 면을 보면 조목조목 지적할 때가 얼마나 많은가. 자녀의 장점을 발견했을 때 되도록 그 자리에서 바로 표현하자. 작은 일 같지만, 자녀는 그때마다 자존감이 올라가고 자신의 가슴을 뛰게 하는 일이 무엇인지 알게 된다. 그리고 자신의 사명과 꿈에 한 걸음 더 다가가게 된다. 자녀를 인정하고 칭찬하는 구체적인 방법은 5장에서 다룰 예정이다.

자녀의 단점이 걱정된다는 이유로 너무 자주 지적하면 자녀에게 '마이너스 에너지'를 주지만, 자녀의 장점을 발견하고 전달해주면 '플러스 에너지'를 준다. 그런데도 많은 부모가 자녀의 장점을 칭찬해주면 버릇이 없어질까 봐 그런 말을 삼간다. 그러나 부모로부터 자신을 걱정하고 채근하는 말을 많이 듣고 자란 자녀들은 정신적, 사회적으로 더 힘들어하는 경우가 많다.

자녀가 좋아하는 것에 숨은 힌트

또한 자녀의 장점을 관찰할 때 부모들이 실수하기 쉬운 부분이 있다. 학습 능력과 관련해 자녀의 장점을 찾으려는 것이다. 그러니 내 아이는 장점이 별로 없어 보인다. 그러나 집중력이 좋은 아이는 학교에 가기 전에 욕조에서 놀다가 시간이 얼마나 지났는지 몰라서 지각할 수 있고, 대인관계 지능이 높은 아이들은 사람들과 함께하는 의미 있는 일을 발견하기까지는 친구만 좋아하고 공부에는 전혀 흥미 없는 아이로 보일 수 있다.

우리 집 큰딸이 딱 그랬다. 예은이는 어려서부터 친구를 무척 좋아했다. 중학생 때 아침에 학교에 갈 때면 친구네 집을 다 들러서 갈 정도였다. 당연히 공부보다는 친구를 좋아했다. "친구들 좋아하는 것만큼 공부에 신경 좀 써라!"라고 말하고 싶은 마음이 굴뚝같았지만, 그 마음을 꾹 누르고 아이에게 말했다.

"우리 예은이는 친구들을 참 좋아해서 이다음에 사람들을 위해 일하거나 사람들과 함께하는 일을 하면 정말 잘하겠다."

실제로 그 아이는 훗날 신학대학원에 진학해 전도사가 되었고, 다루기 힘들다는 중등부 아이들을 기쁘게 섬겼다. 지금은 사모가 되어 남편과 함께 대학부 학생들을 섬기며 가정 사역자를 꿈꾸고 있다.

자녀의 장점까지 오직 공부와 연결지어 생각한다면 하나님께서 자녀에게 주신 귀하고 좋은 점을 발견하기가 어려울 뿐 아니라 경쟁력도 떨어질 수밖에 없다. 남들 다하는 공부를 똑같은 방법으로 시키면서 부모조차 세상 사람들과 똑같은 가치관을 가지고 양육한다면 자녀들은 모두 경쟁이 심한 '레드오션'으로 들어갈 수밖에 없다. 그러나 경쟁이 판치는 세상에서 공부할지라도 나를 구원하신 하나님의 사랑과 주님이 주신 장점을 알고 꼭 하고 싶은 일이 생겼다면, 그 자녀는 주님께 기도할 것이다. 그리고 자신만이 기쁨으로 할 수 있는 그 일을 '만들어서라도' 하게 될 것이다. 그것이 사명이다. 각 사람의 사명은 경쟁이 없는 '블루오션'일 수밖에 없다. 하나님은 자녀들을 그런 방식으로 인도하고 싶어 하신다.

《꿈 PD 채인영입니다》(샨티)라는 책에서 정신과 전문의인 저자는 이야기한다.

"주위를 살펴보면 자기가 진실로 좋아하는 일을 하고 사는 사람은 저절로 창조적이 되어 다른 사람은 생각지도 못한 새로운 직업의 형태를 만들어내기도 한다."

자녀가 사명을 이루어갈 때 하나님께서 그 사명을 이룰 장점 또한 주셨다는 것을 믿는 부모가 필요하다. 부모는 기도하며 발견한 내 아이의 장점들을 표현해서 알려줄 의무가 있다.

정서적 만족감은 초유와도 같다

파스칼은 "인간의 마음속에는 오직 하나님만이 채울 수 있는 커다란 공간이 있다"라고 말했다. 그렇다. 사람의 마음에는 하나님만이 채우실 수 있는 공간이 있고, 부모가 채워줘야 하는 공간도 있다. 부모가 채워줘야 하는 그 공간을 나는 '행복단지'라고 부른다.

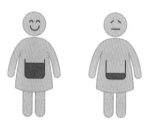

그림2 부모가 채워야 하는 자녀의 '행복단지'

특히 태어나면서부터 생후 18개월 또는 24개월까지 아이의 행복단지를 채워주는 일은 매우 중요하다. 요즘 엄마들은 출산 후 아이가 아직 어릴 때 사회생활을 다시 시작하는 경우가 많은데, 알고 보면 그 시간은 자녀에게 그 무엇과도 바꿀 수 없는 대체 불가능한 시간이다.

갓 태어난 아기의 입장이 되어보자. 아기는 배가 고파서 불편함을 느끼면 본능적으로 울음을 터뜨린다. 그 울음소리를 들은 엄마는 "아이고, 우리 아가 배고팠어요?"라고 하면서 아기에게 달려간다. 아기에게 귀에 익은 발소리가 들리고 몸이 잠시 들리더니 늘 듣던 심장 소리가 들리고, 입으로 들어온 무언가를 빨면 이내 불편함이 사라지고 깊이 잠들게 된다. 하루에도 수없이 반복되는 부모의 따뜻한 돌봄은 어린 자녀에게 중요한 것을 깨닫게 해준다.

'아, 우는 게 좋은 거구나! 내가 우니까 좋은 일이 일어났어. 엄마와 같이 있는 것도 좋은 거구나. 같이 있으니까 참 편안하네….'

영아의 이러한 경험은 커가면서 사람들 앞에서 말하는 것을 두렵지 않게 하고 인간관계에서 겪는 어려움을 줄여준다. 그래서 자녀의 마음 안에 '이 세상이 좋다'는 전제가 생긴다. 어느 정도 힘든 일을 만났을 때도 '나만 힘든가 뭐. 다시 한번 해보자' 하며 세상을 느긋하게 바라보게 한다. 생애 초기 부모와의 애착 관계를 통해 세상과 사람에 대한 '기본적 신뢰'(basic trust)가 형성된 것이다.

그와 달리 어린 자녀를 양육하는 부모의 태도가 무관심하거나 변덕스럽거나 지나치면 자녀에게 세상과 사람에 대한 기본적 신뢰가 형성되기 어렵다. 그들은 자라면서 "이 세상은 참 힘들다"라는 부정적 전제로 인해 힘들어한다. 주위 사람들과 비슷한 일을 겪어도 남들보다 더 빨리 지치고 낙담한다.

부모가 채워줘야 하는 자녀의 행복단지 안에는 '정서적 만족감'이 채워져야 한다. 특히 아이의 생애 초기에 부모와의 애착 관계와 그로 인해 형성된 기본적 신뢰는, 한 사람의 생애에 느낄 수 있는 모든 정서적 만족감의 핵심이다. 생애 초기 이후에도 자녀는 부모와의 여러 경험을 통해 정서적 만족감이 채워지기를 간절히 원한다.

그런데 부모들은 자녀의 훈육과 학교 성적과 성공에 더 많은 관심을 기울이느라 정작 자녀들의 '행복단지'가 텅 비어 에너지가 고갈된 상태라는 것을 알아채지 못할 때가 많다. 하지만 자녀의 성취에 일희일비하기에는 그들은 아직 모든 것이 미완성 상태이고 많은 것을 학습 중이다. 자녀들이 학교에서 무언가 배우고 공부할 때 많은 음식과 에너지가 필요하듯이 인생을 배우며 완성되어갈 때도 정서적 만족감이라는 절대적 에너지와 영양분이 필요하다. 사실 부모도 여전히 정서적 만족감이 채워지기를 바란다.

고3 입시생들이 수능을 코앞에 두고 감당할 길 없는 부담감 때문에 연락을 두절하는 일이 종종 발생한다. 대부분 성적이 좋은 학생들에게 일어나는 일이다. 그러면 부모들이 패닉 상태가 되어 긴급히 상담을 요청해온다.

"아이가 휴대폰을 꺼놓고 잠적했는데, 어떤 메시지를 남겨야 돌아올까요?"

워낙 긴급한 상황이라 나도 최대한 도움을 드리려고 마음을 쓴다.

"네 마음이 얼마나 힘들고 부담이 되면 시험을 앞두고 집을 나갔을까. 엄마가 네 마음을 몰라도 너무 몰랐구나."

평소처럼 "얼른 돌아와. 너만 손해인 거 알지? 며칠만 참으면 되는데 나중에 후회하지 말고"라는 말은 절대 하지 마시라고, 부모가 자녀의 마음을 몰라주면 그들은 이 세상에 내 편이 하나도 없다고 느낀다고 말씀드린다.

그런데 몇 년 전부터는 초등학교에도 들어가지 않은 어린 자녀들이 이상 신호를 보내온다. 한창 부모의 사랑을 받고 자라야 할 아이들이 정서적으로 배고프고 행복하지 않아서 자기 몸에 상처를 내거나 친구를 괴롭히곤 한다. 자신의 마음을 표현할 수 있는 똑똑한 아이들은, 자신이 자해하는 이유를 이렇게 말하기도 한다.

"제 팔이나 몸에 상처를 내면 그 자리가 아파서 아빠나 엄마가 해주는 무서운 말이 생각나지 않아요."

그 자녀가 그토록 무섭고 싫었던 것은 어린 자녀를 걱정하는 부모의 표정과 남들과 비교하며 공부를 열심히 하라는 말이었다. 그 부모도 세상이 두렵고 힘들다 보니 자녀에게 "세상은 힘들다"라고 말해주고 싶었을 것이다. 정말 마음 아프고 안타까운 일이다.

자녀의 감정과 상태를 살펴서 정서적, 심리적 만족감을 주는 일은 한 인간에게 초유와도 같은 절대적인 것이다. 이 세상을 살아가는 데 필요한 강력한 면역력과 뼈와 근육을 형성하는 초유 말이다. 정서적 만족감을 통해 자녀의 장점이 유감없이 발휘되는 것은 물론이고 성격, 인간관계, 학업성적, 리더십, 하나님을 믿는 믿음까지 근본적이고 중요한 영향을 미치게 된다. 자녀의 마음을 행복하게 해준다면 그는 모든 상황을 잘 헤쳐나갈 수 있다. 부모가 자녀에게 하나님을 알려주는 것 다음으로 중요한 것은 자녀의 행복단지에 정서적 만족을 채워주는 일이다.

평균에 파묻힌 자녀를 구출하라!

우리는 키, 운동능력, 점수 등 많은 것을 평균 내서 "평균보다 미달이다" 또는 "상위 몇 퍼센트에 해당한다"라고 표현한다. 나도 평균 때문에 힘들었던 기억이 있다. 대입을 앞두고 열심히 공부해서 학과목 성적을 조금이라도 올려놓으면 체력장이 내 발목을 잡았다. 원래 체육 쪽으로는 재능이 없었고, 그때는 공 던지기, 오래달리기 등 도무지 나의 체력으로는 감당이 안 되는 종목들이 많았다. 체력장에서 최저등급을 받은 후 학과목 점수와 더해 평균을 내고 나면 정말 절망적이었다. 평균 점수를 받을 때마다 많이 울었고, 절망했고, 화가 났다.

'평균'이라는 개념이 세상에 처음 등장했을 때는 사람에게 적용한 것이 아니었지만, 점차 사람에게도 적용하게 되었다고 한다. 하버드대 교육대학원에서 개개인학을 강의하는 토드 로즈 교수는 《평균의 종말》(21세기북스)이라는 책을 통해 평균이 탄생한 계기와 한계, 그리고 교육적인 문제점을 수많은 증거 자료와 함께 제시했다. 로즈 교수는 1940년대 말 미 공군의 전투기 이야기로 시작한다. 제트엔진 항공기 시대를 맞아 비행 속도는 더욱 빨라졌는데, 전투에 나간 미 공군 전투기들이 조정에 애를 먹다가 추락하는 일이 늘면서 그 원인을 찾아보게 되었다고 한다. 여러 원인을 찾아보다가 전투기 조정석까지 관심을 갖게 되었다. 수백 명에 이르는 조종사들의 신장과 앉은키, 팔 길이, 다리 길이 등을 평균 내서 만든 조종석에 문제가 있을 리 없다는 것이 대다수 의견이었다. 그러나 평소 평균에 대해 의문을 품고 있던 대니얼스라는 젊은 중위가 평균의 30퍼센트 오차범위 안에 과연 몇 명의 조종사가 있는지 파악해보았다. 결과는 놀랍게도 단 한

명도 없었다. 평균에 찌든 우리에게 이해가 잘 안 되는 결과이다. 하지만 사람마다 키가 다르고 앉은키는 물론 팔과 다리 길이도 다 다른데, 사람의 신체 부위를 각각 평균을 내어 조종석을 만들었으니 '어떤 사람에게도 맞지 않는' 아이러니한 결과를 초래한 것이다.

그 후 시행착오를 거쳐 미 공군 전투기에 개개인에게 맞는 조정석을 만들었고, 자동차 운전석에도 상용되기에 이르렀다. 이제는 운전석의 앞뒤 거리를 맞추고, 높낮이를 조절하고, 백미러를 조정해서 자기 몸에 딱 맞는 운전 환경을 어렵지 않게 만들 수 있다.

이 책은 내가 자녀를 키우며 나 자신을 설득하던 생각이 옳았다는 것을 입증해주었고, 부모학교 강의 내용에도 매우 구체적인 근거들을 제공해주었다. 사람들이 평균에 대해 거부감이 전혀 없는 것은 아니지만, 보통 '평균은 객관적 사실을 보여주는 지표'라고 생각한다. 그러나 토드 로즈 교수는 평균이 쓸모 있는 경우는 두 그룹의 사람들을 비교하는 경우에 국한된다고 이야기한다. 한 개인의 중요한 면모를 알아차리거나 그 개인과 관련된 결정을 하는 데 전혀 도움이 되지 않는 건 물론이고, 잘못된 정보를 주기도 한다는 것이다. 그렇다. 평균으로는 개개인을 설명할 수 없다. 학교 성적이 뛰어난 학생을 보면 여러 면에서 반듯하리라 생각하는데, 꼭 그렇지는 않은 것처럼 말이다.

이렇듯 우리 자녀들은 평균에 대한 잘못된 판단 속에 갇혀 있다. 평균을 근거로 월등한 학생과 열등한 학생을 나누고 줄 세우는 것이 교육의 역할처럼 되어버린 현실 가운데 교육계에 숨어 있는 사탄의 궤계를 볼 수 있어야 한다. 평균으로 줄 세우는 교육을 받을수록 아이들이 피폐해지고, 자신의 정체성을 잃어가고, 신앙생활을 할 만한 시간조차 갖기 어려워진다. 초등학교에 입학해 고등학교를 졸업하기까지 그 황금 같은 시간을 오직 대학에 가기 위해 평균 점수를 올리는 시간으로 보내고 있다.

이제 자녀가 개개인성을 회복해 '진정한 자신'으로 살아갈 수 있도록 부모의 생각부터 바꿔야 한다. 학교와 교육정책이 바뀌지 않는데, 부모인 내 생각이 바뀌는 것이 무슨 소용이냐고 반문할 부모가 있을 것이다. 그러나 자녀에게 가장 중요한 사람은 세상에 그 누구도 아닌 부모이다! 교육정책과 사회 인식의 변화를 위해 노력해야겠지만, 먼저 가정에서 부모들이 평균에 가려져 있는 자녀의 참모습을 보기 위해 노력해야 한다.

이 힘든 교육 환경에서 공부해야 하는 자녀들에게 고난을 견디고 이길 힘은 하나님이 주시지만, 부모는 평소에 자녀의 평균이 아닌 하나님의 눈으로 자녀를 바라보아야 한다. 그때 자녀는 진정한 자신을 찾아 도약할 수 있다. 평균에 가려진 자녀의 개개인성과 장점과 재능을 찾아주는 일은 크리스천 부모로부터 시작되어야 한다.

약점에 집중하는 부모 vs. 약점 뒤에 숨은 장점을 보는 부모

이 세상에 자신의 약점을 몰라서 고치지 못하는 사람은 드물다. 대부분 자신의 약점을 알고 있지만, 그것을 대면할 힘이 없다. 그런데 부모는 자녀의 약점에 눈이 가고 그 약점을 고쳐주는 것이 부모의 역할이라고 생각한다.

그러나 자녀 입장에서 한번 생각해보자. 부모가 내 약점만 언급하니까 자신을 공격하는 것처럼 느껴진다. 그러니 자녀의 자존감은 한없이 무너지고 스트레스는 쌓여만 간다. 부모로부터 긍정적인 힘을 받아도 자신의 약점을 고칠까 말까인데, 무슨 힘으로 약점을 고칠 수 있겠는가.

물론 부모가 자녀의 약점을 보면서 그 약점 뒤에 장점이 있을 거라고 생각하기는 쉽지 않다. 그러나 누구라도 단점이나 약점을 뒤집어 생각해보면 그 사람의 장점이 될 때가 많다. 우리 하나님께서는 약점 뒤에 장점을, 장점 뒤에 약점을 비밀스레 숨겨놓으셨다. 그러므로 부모는 자녀의 약점만 보지 말고 그 약점이 어떤 장점을 동반하고 있는지 볼 수 있어야 한다.

나는 이것을 '엎어치기 한판'이라고 부른다. 내 자녀의 약점을 엎어보면 그 뒤에 장점이 보인다는 뜻이기도 하고, 자녀의 약점만을 걱정하게 하는 사탄의 궤계를 엎어치기 한판으로 날려버리자는 뜻도 있다. 자녀의 약점 뒤에 숨은 장점을 보는 것이야말로 부모의 믿음이요, 하나님의 관점으로 자녀를 바라보는 것이다.

큰딸은 중학생 때부터 학교 숙제를 잘 안 해갔다. 어른 말씀을 잘 듣고 겁까지 많은 나는, 살면서 숙제를 안 해도 된다는 생각을 한 번도 해본 적이 없다. 그런데 내가 낳은 아이는 숙제를 미루고 또 미루다 밤에 꾸벅꾸벅 졸면서 하기 일쑤였고, 아침에 밥을 먹으며 대강할 때도 많았다. 아예 학교에 가서 친구들이 해온 것을 베끼거나 숙제를 했어도 벌서는 친구들과 놀기 위해 숙제해간 것을 숨기기도 했다. 엄마인 나는 그런 딸을 도무지 이해할 수가 없었고, 매일 내 목덜미를 잡으며 앓는 소리를 했다.

그러던 어느 날 기도 중에 '저 아이는 분명 하나님께서 보내신 선물이니 아이의 장점을 한번 찾아보자'는 생각이 들었다. 그러자 일단 딸에게서 나에게 없는 배짱이 보였다. 딸아이는 웬만해서는 놀라거나 당황하는 법이 없었다. 그리고 짧은 시간에 많은 일을 할 수 있다는 점도 눈에 뜨였다. 아울러 순간 집중력도 대단했다. 무엇보다 마음의 여유가 있고 친구를 잘 사귀는 아이였다. 엄마인 나와 다를 뿐 그것은 분명 탁월한 장점이었다! 엄마인 내가 아이의 약점이라고만 생각했던 부분에서 장점을 발견하자 아이는 변화하기 시작했다. 원래 당당한 아이였지만 더 당당해졌고, 밝아졌고, 행복해 보였다. 아이의 자존감과 책임감이 같이 올라갔다.

약점이 강점이 되는 비밀

영화 〈기생충〉으로 칸영화제와 아카데미 시상식을 휩쓴 봉준호 감독은 어렸을 때 소심하고 친구가 없어서 종일 방에서 만화와 AFKN 방송만 봤다고 한다. 당시 AFKN 방송은 꽤 선정적이고 폭력적이었다는데, 만약 그런 봉준호 감독이 내 아들이었다면 어땠을까?

"주여, 우리 아들을 살려주시옵소서!"

매일 금식기도를 하다가 쓰러지지는 않았을지…. 그런데 봉준호 감독은 자신의 '소심함' 뒤에 숨어 있던 장점인 '세심함'으로 세계가 인정하는 영화감독이 되었다. 자신이 알아서 엎어치기 한판을 잘한 것인지 아니면 부모님이 아들의 숨은 장점을 잘 키우신 것인지 알 수는 없지만, 그는 섬세함으로 '봉테일'(봉준호+디테일)이라는 별명까지 얻었다.

그의 세심함에 대한 몇 가지 일화가 있다. 그는 촬영 현장에서 화면이 어떻게 잡히기를 원하는지 한 장 한 장 만화처럼 그리기로 유명하다. 배우들은 그 콘티를 보고 감독이 원하는 정확한 위치에서 움직이고 연기할 수 있었다고 한다. 또한 나이 많은 연기자라도 감독의 마음에 들 때까지 다시 연기시키기로 유명한데, 그때마다 "아까 그 미소 정말 좋았다. 그런데 2초 정도만 더 끌어달라"라는 식으로 섬세하게 피드백을 해가며 재촬영을 요구하다 보니 배우들은 "힘들지만 뭔가 완성되는 느낌이었다"라고 입을 모았다. 게다가 함께 일하는 스태프들의 근로 환경이 너무 열악한 것을 보고 업계에서 이례적으로 표준근로계약서를 작성하기도 했다. 극히 소심했기에, 극히 세심한 감독이 될 수 있었던 것이다.

건축가가 땅을 골라서 집을 지으려 할 때도 건축가의 마음에 꼭 드는 땅은 없다고 한다. 흠이 없는 땅은 없다는 말이다. 그런데 건축가가 그 땅의 흠을 품고 집을 짓겠다고 마음을 먹으면, 그 땅이 가진 약점이 그 집만의 개성이 되고 매력이 된다고 한다.

우리 아이들의 약점 또한 부모가 고쳐서 없애야 하는 어떤 것이 아니다. 약점 뒤에 숨어 있는 자녀의 장점을 발견하고 표현해주는 부모를 보면서 자녀는 '내가 괜찮구나', '내가 꽤 멋진 데가 있었네'라고 생각하게 된다. 자신의 장점을 알게 되고, 당당해지고, 약점을 고쳐보고도 싶은 건강한 자아상을 갖게 되는 것이다.

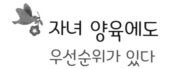

자녀 양육에도
우선순위가 있다

커다란 유리병을 하나 준비해보자. 그 유리병에 큰 돌과 작은 돌, 모래까지 다 넣으려면 어느 것부터 넣어야 할까? 만약에 모래를 먼저 채운다고 해보자. 그다음 작은 돌을 넣고 마지막에 큰 돌을 넣는다면 그림 A처럼 큰 돌이 들어갈 자리가 부족할 것이다.

그렇다면 이번에는 그림 B와 같이 큰 돌을 먼저 넣고 작은 돌을 넣으면 어떨까? 큰 돌 사이에 작은 돌이 들어가고, 마지막에 넣은 모래 역시 그 안에 촘촘히 다 들어가게 된다. 이렇게 어떤 것을 먼저 넣느냐에 따라 결과가 달라진다.

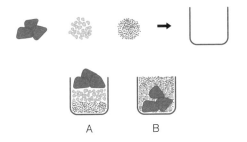

이 그림은 스티븐 코비 박사의 《소중한 것을 먼저 하라》(김영사)에서 시간 사용의 우선순위를 설명할 때도 등장한다. 물론 '우리의 시간 속에 많은 활동을 끼워 넣을수록 좋다'고 설명하기 위해서가 아니라 긴급한 일보다 중요한 일을 먼저 해야 한다는 주제를 설명하기 위함이다. 이것은 부모가 자녀를 양육할 때 신경 써야 할 우선순위를 설명하기에도 적합하다.

하나님이 기뻐하시는 우선순위

많은 부모들이 자녀에게 다방면으로 조기 교육을 시키고 있다. 이 같은 현상은 날이 갈수록 더 심해지고 있다. 그러나 내가 아닌 다른 사람, 즉 부모가 이끄는 대로 공부를 해오던 자녀들은 학년이 올라갈수록 '나는 누구인지', '나는 무엇을 위해 태어났는지', '내가 왜 공부를 해야 하는지' 등을 알고 싶어 한다.

그러면서 부모가 하라는 대로 하던 공부가 하기 싫어지고 쉬이 지치게 된다. 이때 부모들은 그저 '쟤가 공부하기 싫고 놀고 싶어서 저러겠지'라고 생각하곤 한다. 그러나 자녀들이 "내 정체성이나 인생의 목표가 무엇인지 알고 싶다"라고 딱 부러지게 표현하지 못할 뿐이지, 누구나 자라면서 내면에 이런 궁금증이 생긴다. 그리고 그 답을 알 수 없을 때 공부는 물론 다른 측면에도 부정적인 영향을 미치게 된다. 그래서 자기 주도적 학습을 안내하는 책이나 강사들은 자녀가 자기 주도적으로 공부하기 전에 '자신의 정체성'이나 '공부하는 목적'을 알고 어느 정도 납득이 되어야 한다고 주장한다.

부모가 자녀를 바라보는 관점이 하나님의 관점으로 바뀌었다면 자녀 양육의 우선순위도 바뀌어야 한다. 자녀를 양육할 때 하나님이 기뻐하시는 우선순위를 지킨다는 것은, 주님의 질서에 순종하기 위한 부모의 몸부림이다!

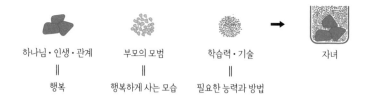

하나님·인생·관계	부모의 모범	학습력·기술	자녀
‖	‖	‖	
행복	행복하게 사는 모습	필요한 능력과 방법	

그림4 자녀 양육의 우선순위

그러므로 부모가 자녀에게 가장 먼저 넣어줘야 할 큰 돌은 '하나님, 인생, 그 안에서 맺어야 할 관계'를 알려주는 것이다. 한마디로 말하면 행복의 의미를 가르쳐주는 것이다. 큰 돌 다음으로 넣어줘야 할 작은 돌은 가르친 대로 살아내려는 '부모의 모범'이다. 다시 말해, 행복하게 사는 모습이다. 자녀 입장에서 자기에게 가르친 대로 살아내려고 노력하는 부모가 있다는 것은 훌륭한 시청각 교재가 된다. 이러한 바탕 위에 습득해야 하는 '학습력과 기술', 곧 인생을 살아가는 데 필요한 능력과 방법을 안내해줘야 한다. 부모가 이처럼 양육의 우선순위를 지키려고 노력할 때 자녀들은 하나님 앞에 지켜야 할 우선순위가 있음을 확실히 알게 된다.

인생은 속도전이 아니다

그럼에도 부모들은 '속도의 전쟁'에 휘말려 내 자녀가 하루빨리 살아가는 데 필요한 능력과 요령부터 갖추기를 원한다. 우리 집 큰아이가 두 돌쯤 되었을 때 교회에 비슷한 월령의 다른 아이가 한글을 줄줄이 읽어서 큰 충격을 받았다. 어린 자녀를 둔 다른 부모들은 부럽기도 하고, 괜히 그 아이와 엄마 옆에만 가면 슬그머니 기가 죽곤 했다. 그러나 그 예쁘고 영민해 보이는 아이의 얼굴에는 기쁨이 없어 보였다. 중학생 때까지 끊임없이 선행 학습을 하며 다른 아이들보다 앞서기 위해 고군분투하던 그 아이가 중학생 때쯤부터 '아무것도 하고 싶어 하지 않는다'는 이야기를 전해 들었다. 정도의 차이는 있지만, 요즘 아이들의 상황도 이와 비슷하다.

어느 교회 선교 담당 목사님이 해주신 이야기가 있다.

"가난하고 못사는 나라일수록 아이들의 소원이 학교에 가는 것, 공부하는 것이다. 우리나라 아이들과는 너무 다르다. 왜 그럴까? 가난한 나라의 아이들은 교육에 배가 고프기 때문이고, 우리나라 아이들은 교육에 너무 배가 불러서이다."

그렇다. 대한민국에는 아이들이 아직 배울 시기도 아니고, 배울 준비가 안 되었는데도 무조건 빨리 가르치려는 부모들로 넘쳐난다. 그들 중 극소수 자녀들이 상위권 대학에 갈 것이다. 그러나 상위권 대학에 진학하든 아니든 어려서부터 신앙보다는 공부와 성공에 모든 우선순위를 두고 달려온 부모를 봐왔기에 교회도 다니고 예배도 드리지만, 이미 세상 가치관으로 가득 찬 그들 안에는 큰 돌, 곧 하나님이 들어갈 틈이 없다.

따라서 부모들은 속도의 전쟁이 아닌, 하나님을 보는 전쟁에서 승리해야 한다. 그것은 길을 잃지 않으려고 북극성을 바라보며 걷는 여행자처럼, 자녀를 키우며 겪는 수많은 시험과 어려움 가운데서도 시선을 빼앗기지 않고 오직 하나님만을 바라보는 전쟁이다.

Being과 Doing

자녀 양육의 우선순위에서 반드시 짚고 넘어가야 할 것이 있다. 그것은 바로 'Being'(존재)과 'Doing'(행동)의 문제이다. Being이 우리의 '존재, 의미, 관계'에 관한 것이라면, Doing은 '행동, 결과, 보이는 것'을 가리킨다. 상담이나 코칭을 하다 보면 많은 이들이 자신이 하는 '일'을 통해 자신의 존재를 설명하고 증명할 수 있다고 생각한다. 그러나 그렇게 살아가던 사람들이 갑자기 일이 잘 안 풀리고 지칠 때 '나는 누구인가'라는 질문과 함께 존재 자체가 흔들리는 것을 볼 수 있다.

대기업에 다니는 한 남성이 이혼숙려기간에 상담을 요청해왔다. 상담을 세 번쯤 진행했을 때 그의 입에서 "선생님, 저는 누구일까요?"라는 기가 막힌 질문이 나왔다. 비록 지방대 출신이지만 아버지가 하라는 대로 죽도록 공부해서 대기업에 들어갔고, 남들이 부러워할 만한 인정을 받고 있었다. 하지만 아내가 이혼을 요구하는 이 상황에서 상담을 받아보니 자신이 누구인지도 모르겠고, 자신의 내면에 희로애락의 감정 따위는 없다는 것도 알게 되었다. 그 분이 했던 말 중에 기억에 남는 말이 있다.

"내 안에 희로애락이 없는데 어떻게 아내의 희로애락을 알 수 있겠어요? 어떻게 그 마음을 알아줄 수가 있었겠어요…."

그것은 깨달음의 탄식이었다. 그 남편분은 상담과 코칭을 통해 많은 변화와 진전이 있었지만, 안타깝게도 아내가 변화된 남편을 만나보지도 않은 채 이혼하고 말았다. 열심히 살면서도 자기 존재의 의미를 생각하거나 내면을 돌보지 않는 사람들이 점점 늘어나고 있다. 그리고 그런 사람들은 주로 그들의 부모에 의해 그렇게 양육된다.

Doing보다 Being이 더 중요하다고 말하기는 조심스럽지만, 행동보다 존재가 더 근본적이고 먼저 해결되어야 하는 것은 분명하다. 앞에서 살펴본 '자녀 양육의 우선순위' 그림에서도 가장 큰 돌은 'Being'(존재)에 해당하고, 작은 돌과 모래는 'Doing'(행동)에 해당한다.

자녀를 칭찬할 때도 잘한 일만 칭찬하기보다는 자녀의 존재 자체를 알아주는 것이 필요하다. "네가 엄마 딸이어서 정말 좋다!", "너랑 같이 영화를 보니까 더 재미있네"라는 말들을 해주면 좋다. 부모가 자녀의 행동만 칭찬하다 보면 자녀는 '더 잘하는 사람'이 되려고 애쓰게 된다. 그러다 보면 자신의 내면을 향한 더듬이는 발달하지 않고, 타인에게 잘 보이고 싶은 마음에 모든 더듬이가 바깥으로 향한다. 남의 시선을 필요 이상으로 의식하다 보면 자기 자신을 돌보지 못할 때가 많다. 자신의 내면을 향한 더듬이가 발달하지 않은 사람은 '자신이 무엇을 좋아하고, 무엇을 싫어하는지, 그 이유는 무엇인지' 물어보면 한참 동안 생각한다. 그러다 자신이 누구인지 모르겠다는 답변이 돌아올 때가 많다.

사람은 자신이 누구인지 알아야 한다. 당연히 하나님을 알아야 나 자신을 알 수 있다. 하나님을 가르쳐주는 부모의 삶과 모범을 보면서 자녀는 '내가 누구인지, 무엇을 위해 어떻게 살아야 하는지, 무슨 일을 하고 싶고, 어떤 방법으로 하고 싶은지' 찾아간다.

01 부모, 멈춤의 시간

부모들이여! 여기서 잠깐 멈춰갑시다.
생각해보고, 기록해보고, 나눠보기를 바랍니다.

1 나는 부모인가, 학부모인가? 부모로서 잘하고 있다고 생각되는 점은 무엇인가? 하나님께서 기뻐하시는 부모가 되기 위해 변화하고 싶은 부분은 무엇인가? 어떤 모습으로 변화하고 싶은가?

2 부모는 자녀 곁에 기꺼이 머무를 수 있어야 한다. 자녀 곁에 기꺼이 머무르는 부모인가? 자녀 곁에 머물렀던 시간을 기록하는 습관을 기르고, 노트에 한두 줄로 기록해본다.

예) 2021/2/26 "머무르기"

잠들기 전, 자녀 곁에 누워서 아이의 이야기에 귀 기울였다.

3 엎어치기 한판을 해본다. 자녀의 약점 뒤에 숨은 장점을 찾아 짧게 한두 줄로 기록해보고 자녀에게 직접 말로 전해본다.

예) 2021/3/17 "엎어치기 한판!"
딸이 뭔가 하다가 잘 안 되면 우는 모습이 보기 싫었는데, 잘해보고 싶은 마음이 있어서 운다는 것을 알게 되었다.

● 자녀에게 말할 때는 서로의 기분이 좋거나 적어도 나쁘지 않을 때 할 것.

"엄마는 우리 딸이 뭔가 하다가 잘 안 될 때 우는 모습이 싫었는데, 생각해보니 잘해보고 싶은 마음이 있어서 운다는 걸 알게 되었어. 우리 딸 안에 그렇게 좋은 마음이 있는지도 모르고 엄마가 무조건 뚝 그치라고 해서 얼마나 속상했을까. 엄마가 미안해."

CHAPTER 2

자녀는 부모가 얻어야 할
한 영혼이다

자녀의 영혼을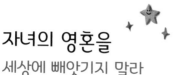
세상에 빼앗기지 말라

나는 부모학교 강의를 할 때마다 "자녀는 부모가 얻어야 할 한 영혼이다", "자녀는 이미 얻어놓은 영혼이 아니다"라는 말을 자주 한다. 그 말에는 여러 가지 의미가 담겨 있다. 첫째, 자녀를 내 육신의 자녀로만 보지 말고 하나님께서 나에게 맡기신 한 영혼으로 바라보자는 것이다. 둘째, 자녀의 마음을 얻고 그 마음밭을 준비시켜서 그곳에 하나님의 사랑과 복음을 심고 가꿔야 한다는 뜻이다. 셋째, 하나님을 믿는 나의 자녀로 태어나 교회에 다니고 있으니 그의 구원은 '떼어놓은 당상'이라고 생각하지 말라는 것이다. 넷째, 한집에 사는 내 자녀라도 언제든 세상에 빼앗길 수 있다는 의미이다.

물론 자녀는 하나님께서 부모에게 보내신 한 영혼이다. 그를 먹이고 입히고 가르치고 보호하며 또 훗날 효도를 받으면서 부모 자녀 간에 누릴 수 있는 기쁨과 행복을 누려야 한다. 하지만 그의 영혼 안에 하나님을 심고 가꾸며 부모인 나에게 임하신 하나님을 부모의 삶과 이야기로 전해주는 것만큼 중요한 일은 없다. 그 일을 위해 그 아이의 부모가 되게 하셨다고 주님은 말씀하신다(창 18:19).

한 영혼의 영적 리더

중세시대 수도사였던 루터는 복음을 깊이 깨닫고 나서 수도원을 떠나 가정을 꾸려 부모가 되었다. 루터의 교육철학의 핵심은 가정이었다. 교육은 부모의 책임이고, 부모가 자녀를 믿음으로 양육하는 것보다 더 중요한 일은 없다고 강조했다. 칼빈 또한 가정을 '작은 교회'로 보고 부모의 제사장 역할을 강조했다. 종교개혁자들도 자녀라는 한 영혼에 대한 가정 교육을 매우 중요하게 생각한 것이다.

이렇듯 부모는 가정을 '작은 교회'로 여기고 자녀를 '한 영혼'으로 보며, 부모 자신은 가정의 '영적 리더'임을 명심해야 한다. 그러나 현대 부모들은 직장이나 가정에서 시달리며 너무 고단하고 지쳐 있다. 하나님의 말씀으로 전신갑주를 입지 못한 채 적자생존의 정글에서 남들보다 한 발 더 앞서기 위해 모든 힘을 쏟아붓지만 삶은 그리 만만치가 않다. 그러다 보니 자녀에게 신앙 교육보다는 세상에서 살아남는 법을 가르치기에 여념이 없다. 교회에서 예배드리고 봉사하는 자신과 직장이나 가정에서의 자신이 전혀 다른 사람 같아서 괴로움을 느끼지만 그렇게 한 주가 지나고 다시 주일이 된다. 부모의 내면에는 돌이키고 싶은 후회의 순간이 무수히 많지만, 자녀는 눈에 보이는 부모의 삶에서 믿음을 배우며 자란다. 부모가 자녀의 영혼을 세워주고 무장해야 할 시간은 덧없이 흐르고, 어느새 자녀는 부모를 닮은 성인이 되어 있다. 그런 신앙의 대물림을 원하는 부모는 아무도 없을 텐데 말이다.

자녀들이 사는 이 세상은 악한 영이 두루 다니며 끊임없이 삼킬 자를 찾고 있다(벧전 5:8). 그런데 문제는 그 악한 영이 무서운 늑대의 모습도 아니고, 〈전설의 고향〉에 나오는 귀신의 모습도 아니라는 사실이다. 너무 당연하게 세상에 동화되고 자연스럽게 하나님과 멀어지게 하는 것이 이 시대 악한 영들의 전략이다. 그런 면에서 우리 부모들은 세상을 너무 조심하지 않는다. 그저 열심히 자녀를 키우는 것이야말로 세상을 경계하지 않는 위험한 자세다. 물론 세상을 정복하고 다스리고 누리기도 해야 하지만, 힘차게 이 세대를 거슬러 사는 모습을 보여줘야 할 때도 있는 것이다.

2년 전쯤 아는 제자의 아들이 믿음 좋은 자매를 만나 결혼했다. 신랑의 나이도 어려서 꼬마 신랑을 보는 듯 신기하고 대견했다. 결혼예배 후 피로연 중에 신랑 아버지가 신랑인 아들에게 편지를 낭독해주는 시간이 있었다. 신랑 아버지가 내 제자의 남편이라 평소에 그 분의 귀한 신앙과 인품을 잘 알고 있었다. 그런 분이 편지를 읽으면서 눈시울을 붉히며 고백하던 내용이 지금도 잊히지 않는다.

"부끄럽게도 나는 기독교 세계관 반, 세상 가치관 반으로 너를 키우며 고생시켰다"라는 회개에 가까운 고백이었다. 피로연 식사를 하며 혼주의 말을 듣던 하객들 모두 일순 숙연해졌다. 교회에서 중직을 맡고 사업으로 바쁜 중에도 선교에 씨를 뿌리던 아버지가 결혼하는 아들 내외와 사돈과 하객들 앞에서 한 그 고백이 귀하고도 가슴 아팠다. 우리 모두 기독교 세계관 반, 세상 가치관 반으로 자녀들을 키우느라 하지 않아도 될 고생을 얼마나 많이 하고 있고, 또 시키고 있는가!

자녀의 영혼을 얻는 세 가지 전제조건

그래도 다행인 것은 자녀의 영혼을 얻고 세상에 빼앗기지 않을 방법이 있다는 것이다. 그러기 위해 부모가 명심해야 할 세 가지 전제조건을 살펴보자.

1. 자녀의 마음을 알아준다

자녀의 영혼을 얻기 위한 첫 번째 발걸음은 자녀의 마음을 알아주는 것부터 시작해야 한다. 이때 부모의 묵직한 진심이 필요하다. 내 자녀가 똑똑하다고 생각하는 부모일수록 자녀의 학습에 온 신경을 쓰지만, 실은 영민한 자녀일수록 자신의 마음을 알아줄 때 행복감을 느끼며 최고의 컨디션을 발휘한다.

부모의 관심이 자신의 마음이 아닌 학습이나 성취에 있을 때 그들은 누구보다 빨리 알아채고 엇나가기 일쑤이다. 부모가 자녀의 마음을 진심으로 알아줄 때 부모 자녀 간에 '좋은 관계'가 형성되는데, 그때 비로소 부모가 영적 영향력을 미칠 수 있는 기본 토대를 세웠다고 할 수 있다.

2. 부모가 모범을 보인다

또한 자녀들은 부모 곁에서 부모의 '영적 대처'를 눈여겨보고 있다. 부모의 좋은 가치관과 선택은 직접적으로 강요하고 가르치는 것보다 부모가 모범을 보여줌으로써 간접적이지만 확실하게 교육할 수 있다. 부디 자녀의 일거수일투족에 대해 일일이 말로 가르치지 말고, 부모 자신의 행동에 신경을 써서 모범으로 보여주기를 바란다. 친구들과 잘 지내라고 하기 전에 부모가 주위 사람들과 화목하게 잘 지내고, 공부를 열심히 하라고 하기 전에 맡겨진 부모 역할에 행복하고 성실하게 임한다면 자녀에게 가장 좋은 환경을 만들어주는 것이다. 부모의 모범이야말로 자녀의 영혼을 얻을 수 있는 두 번째 전제조건이다.

3. 하나님께 맡기고 신뢰한다

너는 마음을 다하여 여호와를 신뢰하고 네 명철을 의지하지 말라 너는 범사에 그를 인정하라 그리하면 네 길을 지도하시리라 스스로 지혜롭게 여기지 말지어다 여호와를 경외하며 악을 떠날지어다

잠 3:5-7

어느 날 이 말씀을 묵상하다가 크리스천 부모들에게 주시는 엄중한 명령이 있음을 깨달았다. 부모들이 자녀를 기르며 스스로 지혜롭게 여길 때가 얼마나 많은가. 또 자녀의 장래를 다 아는 양 거침없이 그들의 앞길을 좌우할 때가 얼마나 많은가. 그 모든 것이 '하나님을 경외하지 않는 악'이라고 말씀하신다. 그래서 마음을 다하여 자녀의 영혼을 하나님께 맡기고 신뢰하는 것이 세 번째 전제조건이다.

크리스천 부모는 내 자녀를 한 영혼으로 바라보고 자녀의 영혼을 얻기 위해 수고하는 부모이다. 자녀의 영혼을 세상과 악한 영에 빼앗기지 않기 위해 말씀과 기도로 무장하고 자녀 또한 무장시키는 부모이다. 세상을 흠모하는 것이 아니라 세상을 조심하는 부모이다. 물론 이 모든 노력이 결코 쉬운 일은 아니지만, 자녀를 한 영혼으로 보지 못하고 양육했을 때 겪어야 할 인

생의 시련보다는 가볍고 쉬운 멍에일 것이다. 그래서 이번 장에서는 자녀의 영혼을 얻는 방법, 그 가볍고 쉬운 멍에를 소개하고자 한다.

자녀에게 시급한
마음의 힘

사람의 '마음'이란 무엇일까? 마음의 사전적 의미는 "사람의 감정, 생각, 기억 등이 생기거나 자리하는 공간"이다. 그런데 신기하게도 감정, 생각, 기억 모두 부모가 자녀에게 영향을 미치는 중요한 영역이다. '감정'은 생애 초기에 부모와의 애착 관계나 정서적 만족 등을 통해 형성된다. '생각'도 대부분 어려서부터 보고 자란 부모의 생각을 닮게 되어 있다. 예를 들어, "거짓말은 나빠" 혹은 "살면서 어떻게 거짓말을 안 하냐", "선의의 거짓말은 해도 돼"라고 하는 등 부모에게 어떤 말을 듣고 자랐는지에 따라 영향을 받는다. 부모의 생각과 직결된 것이라고 할 수 있다. 사람의 '기억' 또한 좋은 것이든 나쁜 것이든 중요한 기억 속에 대부분 부모가 자리하고 있다.

그러므로 한 사람의 마음은 그 부모가 형성한다고 해도 과언이 아니다. 좀 더 정확하게 표현하자면, 한 사람의 마음은 '부모와의 관계'에서 형성된다.

마음, 소중한 그릇

성경은 마음이 생명의 근원이 나오는 곳이라고 가르친다.

모든 지킬 만한 것 중에 더욱 네 마음을 지키라 생명의 근원이 이에서 남이니라 잠 4:23

새번역성경은 "그 마음이 바로 생명의 근원"이라고 옮겼다. 어디 그뿐인가. 하나님을 사랑할 때도 마음을 다해 사랑하라고 하시고(마 22:37), 소중한 하나님의 말씀도 "네 마음판에 새기라"(잠 7:3)라고 하신다.

하나님께서 보이지 않는 사람의 마음을 이렇게 중요하다고 하시는데, 정작 우리는 자신과 자녀의 마음을 돌보는 데 소홀하다. 마음을 심하게 다치고 나서야 '마음이 아파 죽을 것 같다'며 마음의 소중함을 깨닫곤 한다. 마음을 중요하게 여기고 지속적으로 돌보는 사람들은 많지 않다.

상담이나 코칭을 하다 보면 마음이 텅 비어 있는 사람을 만난다. 누군가에게 특별히 사랑받은 기억도, 미움받은 기억도 없어서 말 그대로 마음이 텅 빈 상태이다. 가장 안타까운 것은 하나님을 믿는다고 하면서도 하나님의 사랑을 머리로만 알 뿐 도무지 마음으로 느끼지 못한다는 것이다. 또 어떤 사람은 마음이 깨어져 있다. 누군가와 심한 애증 관계 속에서 사느라 마음이 무너졌다. 바로 얼마 전에 부흥회에서 큰 은혜를 받았더라도 그 은혜가 언제 깨어진 마음의 틈새로 흘러나갔는지 냉랭하게 식어 버리기 일쑤이다. 또 어떤 사람의 마음은 심하게 일그러져 있다. 그러면 하나님도, 믿음도 완전히 왜곡되게 받아들인다. 이렇듯 마음은 생명의 근원이자 영을 담는 소중한 그릇이다.

자녀의 마음부터 돌보라

또 아비들아 너희 자녀를 노엽게 하지 말고 오직 주의 교훈과 훈계로 양육하라 엡 6:4

부모들에게는 매우 익숙한 말씀일 것이다. 이 말씀에서 "자녀를 주의 교훈과 훈계로 양육하라"는 것보다 "자녀를 노엽게 하지 말라"는 말씀을 먼저 하신 것은 결코 우연이 아니다. 자녀를 노엽게 하지 말라는 말은 마음을 상하게 하지 말라는 뜻이다. 자녀들의 마음이 상한 상태에서 주님의 교훈과 훈계가 받아들여지지 않는다는 것을 아시기에 주신 말씀이다. 그래서 자녀의 마음을 돌본 후, 그 마음에 하나님과 말씀을 심는 것이 중요하다. 자녀의 마음을 상하게 해놓고 하나님의 말씀을 가르치거나 선포하는 것은 위험천만한 일이다. 부모에게 마음을 다친 자녀가 하나님까지 싫어하게 될 수 있기 때문이다.

하나님께서는 이 중요한 자녀의 마음을 부모가 돌보기를 원하신다. 부모는 자녀의 마음을 '알아보려고' 노력하고 그 마음을 '알아주려고' 노력해야 한다. 자녀의 마음을 알아보기 위해서는 '나는 자녀의 마음을 다 알고 있다'가 아니라 '나는 자녀의 마음을 모른다'는 자세가 필요하다. 또한 자녀의 마음을 알아주기 위해서는 깊이 공감하는 자세가 필요하다. 자녀의 마음을 알아보고 알아줄 수 있는 구체적이고 전문적인 방법은 이 책 5장에서 다루려고 한다.

이렇게 부모가 자녀의 마음을 알고 싶어 하고 알아주려고 할 때마다 자녀는 '부모가 내 편'이라고 느낀다. 자녀와 사사건건 대립각을 세우는 부모들과는 전혀 다른, '힘을 실어주는 부모'(empowering parents)가 된다. 그뿐만 아니라 그렇게 자란 자녀는 마음이 부드럽고, 부모의 가치관이나 생각을 쉽게 받아들인다. '아빠 엄마가 사랑하는 하나님의 말씀을 나도 사랑해야지'와 같은 중요한 가치관의 전수부터 작고 사소한 습관을 배우려고 하거나 따라하기도 한다. 관계가 좋은 부모 자녀 사이에서는 이와 같은 모델링이 쉽게 일어난다.

마음에도 근육이 필요하다

그런데 요즘 젊은 사람들은 마음의 힘이 너무 빈약하다. 청년 코칭이나 커리어 코칭을 하는 동료 코치들을 통해 들어보면, 회사에 취직했다가 금세 그만두는 청년들 중에 실력이 부족해서 그만두는 사람은 거의 없다고 한다. 도리어 그들에게는 마음의 힘이 시급하다고 한다. 직장에 가서도 일을 하기보다는 '자신을 알아주고 사랑해줄 대상'을 찾기에 급급하다. 그러니 직장생활이 어려울 수밖에 없다. 부모들이여, 아무리 죽기 아니면 까무러치기로 공부를 해도 마음의 힘이 없는 자녀는 인생의 경주를 완주할 수 없음을 기억하자.

얼마 전에 두 딸과 이런 이야기를 나눈 적이 있다. 딸들이 각자 자신의 외모나 성품 중에서 마음에 들지 않는 부분이 있는데, 아빠 엄마가 좋은 점을 발견해주고 또 결혼한 큰딸은 남편까지 좋다고 해주니까 점점 별문제가 되지 않더라는 것이다. 그날 나눈 이야기의 결론은 '자신을 사랑하는 것도 자신의 힘만으로는 어렵고, 하나님과 부모와 배우자를 통해 자신을 사랑하는 일이 온전하게 완성된다'는 것이었다. 당연한 결론이다.

태어난 지 얼마 안 된 아기들도 자신을 바라보는 부모의 표정을 보며 '내가 사랑받을 만한 아이구나' 또는 '나는 누군가에게 기쁨을 줄 수 없는 존재구나'라고 느낀다. 나 자신을 사랑하는 것조차 나 혼자서 할 수 없기에 주님께서 목숨 바쳐 우리에게 사랑을 보여주시고 가르쳐주신 것이리라. 그리고 주님의 사랑을 아는 부모가 자녀에게 그 사랑을 흘려보낼 때 자녀는 자신을 사랑하게 되고 마음에는 힘이 넘칠 것이다.

자녀의 성장 과정은 부모로부터 마음을 이해받는 과정이라는 말이 있다. 내 자녀가 아직도 마음의 힘이 약하다면 아이를 탓하기 전에 한번 생각해보자. 부모인 나는 자녀의 마음을 알고 싶고, 알아주고 싶고, 그럴 만한 기술을 갖추고 있는지 말이다!

매일
엎어치기 한판

예수님을 만나기 전에 나는 꽤 부정적인 사람이었다. 나 자신이나 남을 봐도 못하는 것, 고쳤으면 하는 것부터 눈에 보였다. 거기서 그치지 않고 왜 그런지를 살피며 내 시선은 자연히 나와 누군가의 약점에 꽂혀 있었다. 내가 자란 집안의 분위기도 그랬다.

그런데 주님을 영접하고 나서 신기한 일들이 일어났다. 내 눈에 나 자신은 물론이고 상대의 좋은 점, 탁월한 점, 눈에 잘 보이지 않는 귀한 면이 보이기 시작했다. 아마도 주일 설교 말씀과 매일 말씀 묵상을 통해 인간을 향한 하나님의 사랑과 십자가 사랑을 듣고 체험했기에 일어난 변화일 것이다.

남편의 장점 찾기

교회에 다니기 시작한 지 얼마 되지 않았을 때 일이다. 고린도 전서를 읽다가 "여자의 머리는 남자요"(고전 11:3)라는 충격적인 말씀을 읽었다.

'아니! 하나님께서 이런 말씀을 하시다니! 결혼해서 남편과 사랑하며 살라는 말씀이라면 모를까. 남자가 여자의 머리라니, 그럼 나는 그 머리의 지령대로 평생 살아야 한단 말인가.'

이렇게 생각한 적이 있었다. 믿음 생활에 대해 아무것도 모를 때이기도 했지만, 내가 그만큼 남자를 부정적으로 보고 있었다. 부모님이 사이가 좋지 못하셨고, 아버지가 어머니를 사랑해주는 모습을 보지 못하고 자랐기 때문이다. 그래서 결혼 전에 기도를 많이 했다.

"하나님, 저에게 가정을 이루게 하신다면 저는 하나님 말씀에 순종하고, 하나님의 질서대로 사는 가정이 되고 싶어요."

나는 예수님을 믿지 않는 역기능 가정에서 자랐지만, 청년 시절 주님을 만난 뒤 신앙생활을 하며 주님의 극진한 십자가 사랑을 배운 지 6년쯤 되었을 때 믿음의 가정을 이루었다. 하나님께서는 특별히 믿음과 성품이 좋은 남편을 허락해주셨다. 그렇다고 약점이 없는 사람은 아니었다. 하지만 나 또한 말씀을 통해 남편을 어떻게 대해야 하는지 배우고 난 뒤로 남편이 한없이 귀해 보였다. 그리고 그 귀한 점을 직접 말해주고 싶었다.

하루는 남편과 식사를 하다가 내가 이렇게 말했다.

"당신은 정말 편안한 사람인데, 하나님에 대해 가르칠 때면 개념을 명확하게 설명해줘서 멋있었어요. 귀도 잘생겼고, 턱도 잘생겼고, 팔뚝 근육도 좋고… 당신 정말 멋져요!"

나의 뜬금없는 칭찬을 들은 남편은 별다른 반응 없이 식사를 마치고 다른 일을 하는 듯했다. 그런데 잠시 후 내가 있는 쪽으로 다가와서는 "당신이 좀 전에 한 얘기, 다시 한번 말해줄래?"라고 하는 게 아닌가. 그 말을 듣자마자 나는 두 가지 생각이 들었다. 하나는 '응? 이 사람, 왜 이렇게 유치하지?'라는 생각이었고, 또 하나는 '그래? 이런 말을 많이 못 들어봤나 보네. 좋았어! 그렇다면 내가 평생 해주겠어'라는 생각이었다. 그래서 조금 전보다 훨씬 더 자세하게 실례를 들어 이야기해주었다.

"여보, 나는 사람을 볼 때 겉모습만 보이지 않고 그 사람의 내면과 겹쳐 보여요. 그런데 당신의 모습이 너그러운 당신 성품과 너무 잘 어울려서 정말 멋져요. 그리고 나는 남자 눈은 당신 눈같이 작은 눈이 좋고, 내가 턱이 뾰족하다 보니 당신처럼 두툼한 턱이 좋아요. 당신의 굵은 뼈도 정말 멋있어요."

그 후로 나는 남편의 장점을 찾아내는 재미에 푹 빠졌다. 말뿐 아니라 포스트잇에 써서 주머니에도 넣어주고 가방에도 넣어주었다. 신혼 초부터 같이 사신 어머님이 옆에서 큰 기침을 하실 정도였다. 그렇게 몇 달이 지나자 '되'로 주었던 칭찬과 찬사를 남편에게 '말'로 받게 되었다. 듣는 분들이 조금은 괴로울 수도 있는 우리 부부의 이야기를 자세하게 소개한 데는 다 이유가 있다.

부모인 부부가 서로의 장점과 귀한 면을 찾아내 표현해줄 때 자녀에게 긍정적인 영향을 미친다는 이야기를 하고 싶었다. 부부가 서로를 아끼지 않고 상대의 단점과 약점을 자녀 앞에서 가차 없이 지적하고 공격하면서, 자기 자녀만은 잘 자라기를 바란다면 그것은 콩을 심어놓고 팥이 나오기를 바라는 어리석은 소망이다. 부모가 서로를 대하는 모습을 보면서 그 자녀는 심리적 안정과 함께 '나도 저런 대우를 받을 만한 사람이구나' 하며 자신을 정의한다. 물론 반대로 부모가 부부로 살아가는 모습을 보며 극히 불안해하고 '나와 우리 가족은 이 정도밖에 안 되는 사람들이구나'라고 자신을 정의하기도 한다.

따라서 부모가 자녀들 앞에서 배우자에게 매일 엎어치기 한판을 해주는 것은 부모가 자녀에게 줄 수 있는 좋은 선물이 될 것이다. 부모의 '부부로서의 삶'에 대해서는 4장에서 좀 더 깊이 다루려고 한다.

하나님의 눈으로 보고 전하는 자

자녀의 장점을 찾아서 표현하라는 말은 자녀에게 무조건 좋은 말을 하라는 뜻이 아니다. 자녀를 하나님의 눈으로 보다가 자녀의 귀하고 좋은 면을 발견하면 본인에게 알려주라는 것이다. 이것은 매우 중요한 부모의 역할이다.

모세가 가데스 바네아에서 가나안땅을 탐지하라고 보낸 열두 정탐꾼을 생각해보자. 정탐꾼이란 가서 눈으로 보고, 와서 말로 보고하는 자들이다. 모세가 백성 중 아무나 보내지 않고 각 지파의 지도자를 보낸 것은 '하나님의 눈으로 보고 믿음의 말로 보고할 자'가 필요했기 때문이다. 그러나 열 명의 정탐꾼은 가나안땅은 물론 가나안 사람과 자기 자신조차 사람의 눈으로만 보았다. "우리는 스스로 보기에도 메뚜기 같으니 그들이 보기에도 그와 같았을 것이니라"(민 13:33)라고 보고했다.

그러자 이스라엘 온 백성이 모세와 아론을 원망하며 밤새 통곡했다(민 14:2). 출애굽 못지않은 하나님의 거대한 역사인 가나안 입성 앞에서 그들의 믿음 없는 보고와 말도 안 되는 원망으로 인해 하나님께서 하신 말씀이다.

> 너희는 그 땅을 정탐한 날 수인 사십 일의 하루를 일 년으로 쳐서 그 사십 년간 너희의 죄악을 담당할지니 너희는 그제서야 내가 싫어하면 어떻게 되는지를 알리라 하셨다 하라 민 14:34

하나님의 눈으로 보아야 할 것을 사람의 눈으로 보는 것은 하나님께서 싫어하시는 일이다. 부모는 정탐꾼과 같이 하나님의 눈으로 본 것을 자녀에게 보고하는 자이다. 세상에 대해, 나라에 대해, 교회에 대해, 사람들에 대해 하나님의 눈으로 보고 믿음의 말로 전해야 하는 사람이다. 또한 자녀를 하나님의 눈으로 보고 '너는 이런 사람'이라고 자녀에게 알려줘야 하는 사람이다. 앞에서도 언급한 것처럼 나는 이것을 '엎어치기 한판'이라고 부른다. 내 자녀를 한없이 걱정스러운 존재로 보이게 하는 사탄의 궤계를 엎어뜨리고, 자녀의 약점인 줄만 알았던 부분을 엎어뜨리니 장점이 보이더라는 의미에서 붙인 이름이다. 엎어치기 한판이야말로 부모의 믿음이요 믿음에서 나오는 지혜인 것이다.

엎어치기 한판의 기술

내가 사는 아파트에 아이들이 많은 편이다. 그래서 가끔 엘리베이터에서 만나는 아이들에게 엎어치기 한판을 해줄 때가 있다. 하루는 출근하려고 엘리베이터를 탔는데, 입을 삐죽 내밀고 가방을 멘 초등학교 남학생이 눈에 들어왔다. 처음 보는 아이였다. 학교에 가기에는 좀 늦은 시간이었고, 언뜻 봐도 엄마에게 꾸중을 듣고서 뒤늦게 등교하는 것 같았다.

"아이고, 학교에 가나 보구나?"

"네…."

아이는 바닥만 내려다보며 기운 없이 대답했다.

엘리베이터에서 만나는 아이들은 보통 1분 안에 내리기 때문에 '축약형 기술'이 필요하다. 그래서 나는 이렇게 말했다.

"와! 늦었는데도 학교에 가는 거네! 멋진데?"

그러자 아이는 고개를 슬며시 들고 삐죽 나왔던 입이 들어가더니 눈에 힘이 생겼다. 그리고 문이 열리자 아이는 큰소리로 "안녕히 계세요!"라고 인사를 하고 뛰어갔다.

나는 뛰어가는 아이의 뒷모습을 한동안 쳐다보았다. 늦었지만 포기하지 않고 학교에 가는 자신이 얼마나 대견한지 알았으면 좋겠다는 마음이었다. 물론 그 아이의 엄마가 그렇게 봐준다면 더 좋겠다는 생각과 함께.

믿음의 정탐꾼은 갈렙과 여호수아 단 두 사람이었던 것처럼 하나님의 눈으로 자녀를 바라보는 부모는 사실 많지 않다. 그래서 엎어치기 한판을 해주는 부모가 더욱 귀하다. 자녀를 살리는 엎어치기 한판의 마술 같은 힘을 꼭 체험해보기 바란다.

통제 대신
좋은 행동 선택하기

'현실 요법'(reality therapy)의 창시자 윌리엄 글래서(William Glasser) 박사는 "모든 불행한 일의 4분의 3은 인간관계에서 일어난다"라고 말했다. 이 말은 인간관계가 좋다면 불행의 4분의 3은 막을 수 있다는 이야기이다. 그렇다면 인간관계에 어려움을 일으키고 불행을 초래하게 만드는 원인은 무엇일까? 글래서 박사는 그것이 상대방을 통제하려는 외부 통제 때문이라고 주장한다. 외부 통제란 상대에게 지시나 명령 또는 강요 등의 힘을 사용하는 것을 말한다.

사람은 누구나 자기 삶의 주인이 되어 자신의 삶을 통제하고 지배할 수 있을 때 행복을 느낀다. 그런데 타인이 자신을 통제하려고 하면 아무리 그가 부모라 해도 괴롭고 부당함을 느끈다. 물론 부모가 자녀를 양육하면서 지시나 명령, 강요를 전혀 안 할 수는 없다. 하지만 부모의 지시나 강요가 많고 지나칠수록 자녀의 마음에 화가 쌓이고 게임 등에 쉽게 빠지는 것을 볼 수 있다.

부모가 자녀를 통제하는 범위는 소소한 것부터 중대한 문제까지 다양하다. '숙제부터 하고 놀 것인지 아니면 축구부터 하고 숙제를 할 것인지', '학원을 다닐 것인지 말 것인지', '어떤 전공을 택할 것인지', '어떤 사람과 결혼할 것인지' 등은 모두 자녀의 문제이다. 부모는 조언과 기도로 도울 부분이지만, 한국의 부모들은 대부분 자신의 문제인 양 깊숙이 개입하고 통제한다. 그러나 부모가 자녀에게 통제를 가하면 가할수록 자녀는 자신이 불행하다고 느끼게 된다.

자녀의 문제는 자녀에게 맡겨라

자녀의 성적이 곤두박질치면 부모들은 한껏 예민해진다. 엄마 아빠의 안색이 변하고 집안 분위기가 무거워진다. 보통 호통치는 것으로 끝나지 않는다. 일단 부모의 언쟁과 회의가 시작되고 많은 것이 바뀌기 시작한다. 다니던 학원이나 과외 선생님이 바뀌고 게임을 할 수 있는 시간도 줄어든다. 엄마는 밖에 나가는 시간도 줄여가며 집에서 자녀를 더 감시한다. 이런 일이 자녀의 성적에 따라 수시로 반복된다.

사실 자녀의 성적이 떨어졌으면 충격을 받아도 자녀가 받고, 대책을 세워도 자녀가 세워야 하는 것이 아닌가.

'아, 성적이 왜 이렇게 많이 떨어졌지? 수업 시간에 제대로 듣지 않았나? 아니면 이번에 바꾼 학원이 나랑 안 맞나? 하기야 게임을 많이 하긴 했지. 도대체 나는 왜 이렇게 게임을 끊지 못하는 걸까. 어떻게 해야 게임을 줄일 수 있을까? 정말 답답하다.'

처참한 성적표를 받아들고 집에 돌아오는 길에 이런 생각이라도 하려면 자녀에게는 혼자만의 시간이 필요하고, 부모에게는 한 발짝 물러서서 바라보는 여유가 필요하다. 그러나 자녀의 문제에 너무 빨리 개입해 해결하려는 부모들 때문에 자녀는 자기 문제에 항상 한 발 물러서 있어야 한다.

물론 지금도 "우리 아이는 그런 생각할 줄 몰라요. 성적이 떨어져도 실실 웃고 다닌다고요"라고 말하고 싶은 부모들이 있을 것이다. 웃는다고 그 속이 다 편한 것은 아니다. 웃고 있다고 해서 아무 생각이 없는 것도 아니다.

청소년들을 코칭해보면 이런 일을 몇 번 겪고 난 자녀는 깨닫는다. '내 성적과 진로는 내가 해결할 문제가 아니구나. 내가 해결할 수 없으니까 항상 아빠 엄마가 해결하는 거겠지. 그렇다면 이번에도 빨리 해결해주세요'라며 뒷짐을 지게 된다. 동시에 자기 자신을 통제할 수 없어서 불행하고 자책과 무력감은 깊어만 간다. 그러니 가상 세계인 게임에서라도 힘을 발휘해야 살 것 같다. 자녀의 성적이 떨어진 것은 다음에 회복할 기회가 있지만, 자녀가 자신을 보며 한없이 무기력해진다면 그것은 복구가 어려운 손실이요, 하나님이 매우 싫어하실 일이다.

부모들도 살다 보면 일이 잘 풀릴 때도 있지만, 어려울 때가 있을 것이다. 그럴 때마다 누군가 나에게 벌을 주고, 모욕적인 말을 하고, 이런저런 대책을 세워놓았으니 다 바꾸라고 지시한다면 어떨 것 같은가? 아마도 심각한 스트레스를 받고, 자기 삶이 자신의 것처럼 느껴지지 않을 것이다. 아무리 다음에 잘해보려고 해도 그 노력과는 비교도 안 되는 자신감 하락이 문제가 될 것이다. 바로 그것이 자녀에게 지시하고 강요하고 명령할 때(자녀를 통제할 때) 자녀가 느끼는 기분이고, 상태이며, 어려움이다.

'좋은' 선택을 하라

하나님께서 부모에게 주신 힘은 자녀의 힘을 빼앗는 데 쓰라고 주신 것이 아니다. 도리어 부모 자신을 통제하는 데 써야 한다. 부모 자신의 불안을 쏟아내며 자녀를 통제하려 애쓰지 말고 '이 상황을 조금이라도 개선할 수 있는, 내가 선택할 수 있는 좋은 행동은 무엇이 있을까?' 하는 생각과 행동은 하나님께서 크게 기뻐하실 선택이다.

타인을 원망하고 비난하고 통제하는 대신 지금 이 상황을 개선할 수 있는 좋은 행동이 무엇인지 생각해보고 선택해보라는 것이 윌리엄 글래서 박사의 '현실 요법'과 '선택 이론'의 핵심이다. 여기에서 '좋은'(quality) 행동이란 상대방과 나에게 파괴적이지 않고 유용한 것, 구성원들이 최선이라고 믿는 것, 실천 후에 기분이 좋고 만족감을 느낄 수 있는 것을 말한다. '바람직한' 행동이라고 바꿔도 좋겠다.

부모학교를 수강하던 한 어머니는 중학생 딸이 매일 집에 늦게 들어오는 문제로 고민했다. 어머니의 걱정 어린 잔소리는 점차 비난이 되고 둘 사이의 관계만 나빠지고 있었다. 그때 어머니가 부모학교에서 배운 선택 이론을 적용해보았다. 아이가 친구 집에서 놀다가 늦게 들어오는 이 상황을 개선할 수 있는 '나의 좋은 행동은 어떤 게 있을까?' 한번 생각해보았다. 일단 아이가 좋아하는 과일주스를 만들며 아이를 기다리기로 했다. 문을 열고 자녀를 맞이할 때 찡그린 얼굴이 아니라 미소를 지으며 "늦었지만 집에 와줘서 고맙다"라고 말한 뒤 주스를 건네는 행동을 선택했다.

그러자 신기하게도 모녀 사이가 점차 좋아졌고, 아이의 귀가 시간이 점점 앞당겨졌다. 부모가 자녀에게 가하던 통제를 현저히 줄이거나 없애고 상황을 개선할 좋은 행동을 선택할 때 자녀는 자신을 통제할 힘이 생겨 행복하다. 그래서 집에도 일찍 들어가고 싶어지는 것이다.

요즘 세대들은 너무 일찍부터 자신의 욕구를 억누른 채 공부를 시작하고, 부모 세대보다 훨씬 더 오랫동안 공부한다. 이전 세대가 '20년 공부, 30년 일, 20년 여생'을 보냈다면, 요즘 세대는 '30년 공부, 20년 일, 30년 이상 제2의 인생'을 산다. 공부하는 시간만 길어진 것이 아니라 공부할 분량도 더 많아졌다. 세상이 빛의 속도로 변화하면서 어떤 분야를 공부해야 하는가에 대한 부담감도 커졌다. 그런데 인공지능 AI와 로봇의 보편화, 코로나 팬데믹 등으로 일할 곳은 점점 줄어들고 있다. 그러니 시간이 갈수록 자녀들은 더 지치고 불안하다.

이런 힘든 세상에서 살고 있으니 긴말 말고 부모가 시키는 대로 따라오라고 통제를 가하는 부모로 살 것인가, 아니면 나와 자녀가 처한 이 어려운 상황을 개선할 좋은 행동을 선택하는 부모가 될 것인가? 자녀에게 통제를 가하다 보면 자녀는 부모에게 대항하는 것으로 자신을 입증하느라 모든 것을 낭비한다. 그러나 좋은 행동을 선택하는 부모 곁에서 자란 자녀는 부모의 자기 통제력을 배우게 된다.

자녀와
잘 사귀려면

내가 부모학교와 부부학교에서 강의할 때 똑같이 강조하는 말이 있다. 그것은 "잘 사귀라"는 말이다. 부부학교에서는 배우자와 잘 사귀고, 부모학교에서는 자녀와 잘 사귀라고 이야기한다. 사람을 사귀려면 시간도 내야 하고 정성을 기울여야 한다. 자꾸 만나서 대화하고 상대를 알아가야 한다. 그러기 위해서는 말을 가려서 하고 상대를 잘 살펴 행동해야 한다.

부부는 검은 머리가 흰머리가 될 때까지 서로를 귀하게 여기고, 돌보며, 사랑하기로 약속한 사이이다. 그런데 많은 이들이 온갖 노력 끝에 결혼해서 가정을 이루고 난 다음에는 도리어 적극적으로 사귀지 않는다. 하나님의 계획은 우리가 이룬 가정 안에서 부부가 서로를 마음껏 사랑하고 사귀는 것이다. 그러므로 결혼 후에도 내 아내는 어떤 사람인지, 내 남편은 무엇을 좋아하는지 알아가야 하고, 아는 만큼 아끼고 존중해야 한다.

부부의 사귐과 부모 자녀 간의 사귐

부부는 왜 서로를 알아가려고 노력해야 할까? 사람은 누구나 자기 자신을 알아가는 것만큼 치유되고 성숙하는 것처럼 배우자를 알아가는 것도 결국 나와 배우자가 함께 성숙하고 그 마음까지 치유되는 과정이기 때문이다. 나 자신과 배우자를 알고 이해하는 만큼 치유되고 서로를 사랑할 수 있다. 그뿐인가. 가정에서 이런 부모를 보고 자란 자녀들 또한 그렇게 가정을 이루며 살 확률이 높다. 부모가 행복해 보였고, 부모와 함께 행복했기 때문이다.

마찬가지로 부모는 자녀와도 잘 사귀어야 한다. 내가 배 아파서 낳은 자녀이지만 세상에서 처음 만났고, 하나님이 자녀를 주실 때 어떤 아이라고 말해주신 것이 아니기 때문이다. 그렇게 자녀와 사귀면서 알아갈 때 하나님이 주시는 부모 자녀 간의 행복과 기쁨이 있다. 물론 자녀를 기르다 보면 이런저런 아픔을 겪지만, 자녀와 좋은 관계를 맺으면 어려운 시간도 잘 이겨낼 수 있다. 무엇보다 부모가 이 사귐을 통해 하나님 아버지의 사랑을 겸손히 깨닫고, 자녀도 부모와의 사귐을 통해 하나님 아버지의 사랑을 느낄 수 있어야 한다.

일대일 데이트로 쌓는 추억

그런데 부모들도 자녀들과 잘 사귀지 않는다. 나는 강의나 코칭을 할 때 자녀들과 사귀기 위해서는 꼭 일대일로 데이트를 해보라고 권한다. 자녀가 여러 명일 때 한 아이와 일대일로 하는 데이트는 꼭 필요하다. 자녀들과 데이트를 할 때는 옷차림도 신경 써야 한다. 자녀가 좋아할 만한 산뜻한 옷차림으로 나가자. 그것만으로도 자녀는 자신이 얼마나 소중한 존재인지를 알게 된다. 그리고 부모와의 데이트를 행복하게 기억할 수 있도록 그날만큼은 아이가 먹고 싶어 하는 햄버거나 탄산음료 등 음식에 대해 "그건 몸에 안 좋아서 안 돼"라고 말하지 않는 것도 좋은 방법이다.

그러나 거창한 이벤트만 일대일 데이트가 되는 것은 아니다. 어떤 이유나 목적 없이 자녀와 둘이서 함께하는 모든 일이 다 데이트가 될 수 있다. 내가 어릴 때 가장 행복했던 기억 중 하나는 엄마 손을 잡고 시장에 가는 것이었다. 조잘조잘 떠들어대는 나를 웃는 얼굴로 쳐다보시던 엄마와의 시간, 돌아오는 길에 떡볶이를 사주시던 그 길을 수십 년이 흐른 몇 년 전에도 걸어보았다. 그리고 그 길과 그 시간이 왜 그렇게 그리운 건지 얼마 전에야 알았다. 할아버지, 할머니 때로는 고모네까지 대가족이 함께 살다 보니 엄마는 늦둥이인 나를 예뻐하시면서도 둘이서만 있을 시간도, 힘도 없으셨다. 그러다 단둘이 거닐며 엄마가 나에게 집중하는 시간인 시장 다녀오는 길이 그렇게 좋았던 거였다.

그래서인지 나 역시 내 아이와 장을 보러 가는 길이 즐겁다. 그리고 뭔가 하나라도 딸에게 즐거운 기억으로 남도록 시집간 딸과 장을 보더라도 아이가 좋아하는 식혜 하나라도 사주곤 한다. 자녀가 잠들기 전에 둘이서만 잠깐 기분 좋게 속닥거릴 수 있다면 그것도 정말 좋은 일대일 데이트가 될 것이다. 자녀의 어릴 적 사진첩 함께 보기, 아이가 즐겨보는 애니메이션을 팝콘 먹으며 함께 시청하기, 아이가 좋아하는 바람 부는 날을 놓치지 않고 공원을 함께 거니는 일 등 유용하지 않은, 그저 즐거운 시간을 함께 보내는 것이다. 그 시간이 우리 자녀들에게 얼마나 필요한지 모른다. 이 일들이 부모 자녀 간의 관계에 얼마나 많은 것을 선사하는지 이 책을 읽는 부모님들이 알게 되기를 간절히 바란다.

가끔 어린 자녀들이 너무 귀여워서 아이가 크는 것이 아쉽다는 부모들이 있다. 사실 어린 자녀들만 빨리 자라는 건 아니다. 모든 연령대의 아이들이 금세 자란다. 지나고 나면 '그때'가 귀여웠고, 지나고 나면 '그때'가 좋았다고 할 것이 아니라 자녀의 발달단계마다 부모와의 좋은 추억이 쌓이게 하자! 가늘고 길게 자라지만 단단한 마디가 있어서 탄탄하게 하늘로 솟아오르는 대나무처럼, 한 단계 한 단계 자랄 때마다 부모와 만나고 사귀었던 자녀들은 행복하고 힘이 있다. 그뿐만 아니라 부모와의 풍성한 사귐은 좋으신 아빠 하나님을 눈으로 본 것처럼 생생하게 느끼게 할 것이다. 그렇게 자녀의 손을 잡고 하나님께 걸어가기를 주님은 원하신다.

부모는
복음이 건너가는 다리이다

하나님의 사랑과 복음이 부모라는 다리를 건너 자녀에게 가고, 그 다리 위에서 하나님과 우리의 자녀들이 만난다. 그래서 부모는 '복음이 건너가는 다리'이다. 가다 보면 중간에 끊어진 다리도 있고, 길이 협소하거나 바닥이 울퉁불퉁해서 건너기 힘든 다리도 있을 것이다. 반면에 길이 넓고 바닥도 잘 닦여 있어서 쉽게 건널 수 있는 다리도 있다. 과연 나는 자녀에게 어떤 복음의 다리인가.

자녀들이 부모를 보면서 '부모의 하나님을 알고 싶고, 그 하나님을 나도 만나고 싶다'는 거룩한 열정이 생겨난다면 더 바랄 것이 없다. 그러나 부모의 힘만으로 되는 일이 아니기에 기도로 구해야 한다. 자녀를 위해 부모는 기도할 것이 참으로 많다. 그러나 부모의 기도 가운데 자녀가 하나님을 만나기를 소원하는 기도보다 더 간절한 기도는 없고, 그래야 한다. 자녀가 하나님을 만나기를 소원하는 기도는 하나님께서 가장 기다리시는 기도요, 자녀에게 가장 시급한 기도이다. 또 자녀를 가장 온전하게 변화시킬 기도이다.

부모의 간절한 기도

아무래도 이 책에서 우리 큰딸 이야기를 자주 하게 될 것 같다. 초보 엄마였던 나에게 첫째 아이 양육은 풀기 어려운 문제였고, 많은 것을 배운 시간이었기 때문이다. 어려서부터 욕구가 강하고 그 욕구가 관철될 때까지 굽히는 법이 없던 큰아이는 고등학교 3학년 때 대입 실기시험을 며칠 앞두고 질병을 통해 하나님을 만났다.

생명이 위태로운 상황에서 긴급 수혈을 받던 딸은 주님의 보혈이 자신에게 흘러들어오는 것 같은 기쁨과 깊은 회개를 체험했다고 한다. 딸은 수혈을 받다가 눈물을 쏟으며 모기만 한 목소리로 주님을 찬양했다. 나는 그날을 잊을 수가 없다. 어떻게 그 순간에 그렇게 찬양이 나오는지, 그저 주님이 하신 일이었다. 그 일로 딸은 대입을 다시 치러야 했지만, 그날부터 아이의 인생은 완전히 바뀌었다. 그리고 대학교를 졸업할 무렵 주님의 부르심을 받고 신학대학원에 들어갔다.

그렇게 자신이 바라던 중등부 전도사가 된 딸이 어느 날 나와 같이 길을 걷다가 문득 이런 이야기를 했다.

"엄마, 나는 가끔 길 한복판에서 큰소리로 외치고 싶을 때가 있어요."

"응? 무슨 얘기?"

"중등부 부모님들이 자녀가 공부를 열심히 하고, 부모님 말씀을 잘 듣고, 나쁜 친구들과 어울리지 않게 해달라는 기도를 부탁하세요. 그런데 '내 아이가 하나님을 만나게 해달라'는 기도를 부탁하는 분은 없어요. 그거 하나면 모든 것이 해결되는데 말이에요. 제가 겪어보니까 그게 가장 빠르고 쉬운 길이라고 외치고 싶어요."

자신이 하나님을 만나고 나서 엄청난 자아의 변화와 영적인 행복을 경험했기에 할 수 있는 말이었다.

자녀들이 하나님을 만나려면 부모의 간절한 기도와 노력이 필요하다. 그러면 부모가 어떤 노력을 해야 복음이 건너가는 다리의 역할을 잘 해낼 수 있을까? 부모가 어떻게 해야 그 자녀가 하나님을 순적히 만날 수 있을까?

얼마 전에 지인에게 들은 이야기가 생각난다. 자녀들이 어릴 때 하나님을 잘 믿게 하려는 마음에 성경을 안 읽은 날에는 밥도 주지 않을 정도로 간절히 양육했지만, 자녀들이 성인이 된 지금 세상 성공만을 따라가는 모습에 가슴이 아프다는 이야기였다. 그 부모가 존귀한 하나님을 자녀들에게 얼마나 각인시키고 싶었는지 알 것 같다. 그러나 하나님을 사랑하는 그 가정에 아쉬운 부분이 있다면 무엇일까? 그것은 바로 '부모와의 관계 맺음'이다. 부모와의 관계에서 자녀들을 좀 더 행복하게 해줬더라면 얼마나 좋았을까. 부모와 관계 맺는 기쁨을 더 많이 누리게 해줬더라면 자녀들은 하나님을 만나고 관계 맺는 일이 좀 더 쉬웠을 것이다.

상담을 하다 보면 부모와 관계가 좋지 않았던 자녀들이 하나님 아버지를 만나는 데 어려움을 겪는 것을 본다. 부모와의 좋은 관계가 하나님과 복음을 만나는 데 그만큼 중요하다. 자녀는 따뜻한 부모와의 관계에서 좋으신 하나님을 만나고 경험하게 된다.

적극적인 부모의 역할

자녀의 영혼을 돌보는 일은 누구에게나 쉽지 않다. 어디서부터 어떻게 시작해야 할지 막막하다. 말씀과 기도만 가르친다고 해서 자녀의 영혼을 잘 돌보는 것은 아니다. 전인적인 돌봄이 필요하다. 교회에서는 부모 대상 프로그램을 통해 전인적 돌봄을 안내하고, 부모는 관련 서적, 상담, 코칭, 교육 등을 통해 부모로서 공부하고 배우려는 적극적인 자세가 필요하다. 그런데 다른 강좌에 비해 교회나 학교에서 부모의 역할을 배우겠다는 부모들은 많지 않다.

그러나 부모라면 누구나 배워야 한다. 부모는 배움을 통해 자신이 먼저 변화되고, 자녀와 가정을 변화시켜야 한다. 가정에 큰일이 일어나거나 자녀가 힘든 일을 겪고 나서야 어떻게 해야 할지 동분서주하지 말고, 가정의 리더로서 어려움이 생기기 전에 적극적으로 부모 역할을 익혀야 한다.

해외로 선교를 떠나는 선교사님들은 말씀과 기도로만 준비하지 않는다. 그 나라의 언어를 비롯해 만나게 될 영혼들을 돕기 위해 많은 공부와 준비가 필요하다. 복음의 다리가 되어야 하는 부모도 마찬가지다. 부모는 주님이 오실 길을 예비하는 다리가 되기 위해 많은 수고와 배움이 필요하다. 부모의 기도와 모범과 노고 속에서 자녀는 하나님을 만나게 된다. 그렇게 복음이 건너가는 다리가 되어준 부모는 자녀에게 가장 고마운 선교사와 다름없다.

02 부모, 멈춤의 시간

부모들이여! 여기서 잠깐 멈춰갑시다.
생각해보고, 기록해보고, 나눠보기를 바랍니다.

---

1 자녀를 '부모가 얻어야 할 한 영혼'으로 보고 있는가, 아니면 '내 육신의 자녀'로만 보고 있는가? 부모로서 잘하고 있는 부분이 있다면 무엇인가? 자녀를 얻어야 할 영혼으로 보기 위해 변화해야 할 점은 무엇인가? 어떻게 변화하고 싶은가?

2 자녀나 배우자를 비난하고 원망하며 통제했던 상황을 떠올려보자. 그 상황을 개선할 좋은 행동을 선택해 실행해보자.

예) 2021/3/28 "좋은 행동 선택하기"

상황: 자녀가 치약을 아무렇게나 짜서 쓴다.

비난: "네가 치약을 이렇게 짜서 다른 사람들이 불편하잖아!"

좋은 행동: 치약 밑부분부터 짜주는 장치를 끼워서 사용한다.

③ 자녀와 둘이서만 즐겁게 지내는 시간을 갖거나 계획한다. 자녀가 하고(먹고) 싶은 것을 물어보고 들어준다. 부모의 옷차림, 말투, 행동 등에 주의를 기울인다.

예) 2021/4/6 "자녀와 일대일 데이트하기"
딸이 다니는 학교에 깜짝 마중을 갔다가 아이가 좋아하는 아이스크림을 먹으며 손을 잡고 걸어왔다.

● 작은 수첩을 여러 개 준비해서 각각의 수첩에 내가 실행해보고 싶은 주제별로 기록해보라. 짧게나마 기록할 때 실행력이 향상된다.

예) 수첩1: stay (곁에 머무르기)
　　수첩2: 숨겨진 장점 찾아 삼만리
　　수첩3: 좋은 행동 선택하기

CHAPTER 3

위대한 부모 vs.
위험한 부모

부모는
하나님의 증인이다

아나니아는 다메섹 도상에서 주님을 만난 바울에게 하나님의
뜻을 다음과 같이 전했다.

> 우리 조상의 하나님께서 당신을 택하셔서, 자기의 뜻을 알게 하시
> 고, 그 의로우신 분을 보게 하시고, 그분의 입에서 나오는 음성을
> 듣게 하셨습니다. 당신은 그분을 위하여 모든 사람에게 당신이 보
> 고 들은 것을 증언하는 증인이 될 것입니다. 행 22:14,15 새번역

이 말씀을 묵상하던 어느 날, 성령님이 나에게도 강한 깨달음
을 주셨다. 사도 바울뿐만 아니라 나 역시 주님의 뜻을 알고, 주
님을 보았으며, 그 음성을 들은 자가 아닌가. 나 또한 주님의

증인이었다. 나이가 들어가면서 몸도 마음도 약해지는 나에게 주님이 다시 한번 말씀해주시는 것 같았다.

"네가 살아가는 하루하루가, 네가 만나는 한 사람 한 사람과의 관계가 모두 증인의 길이다!"

하나님의 말씀에 성령이 강하게 임하면 주체할 수 없는 눈물이 흐른다. 깊은 교제의 시간이다. 그 교제의 시간에 주님은 또 한번 깨닫게 하신다. 증인 중의 증인은 '부모'라고 말이다.

자녀에게 하나님을 전해야 할 사명

자녀에게 하나님을 증언할 수 있는 부모는 '위대한 부모'이다. 그런 부모는 누구에게나 하나님을 전할 수 있다. 그만큼 자녀에게 하나님을 보여주기란 쉽지 않다. 부모 가까이에 있으면서 부모의 언어생활, 말씀 생활, 기도 생활, 인간관계, 가치관 등을 그들 나름대로 평가하고 있기 때문이다.

그러나 그것이 부모가 자녀에게 하나님을 증명하기 어려운 이유의 전부는 아니다. 부모는 매일의 삶에서 하나님의 말씀을 품고 있어야 한다. 그 말씀을 기억하려는 수고와 그 말씀대로 살아내려는 간절함이 있어야 한다. 하지만 부모의 삶에 하나님의 말씀이 없을 때 자녀 앞에서 하나님을 전하기란 여간 어려운 일이 아니다.

오직 너는 스스로 삼가며 네 마음을 힘써 지키라 그리하여 네가 눈으로 본 그 일을 잊어버리지 말라 네가 생존하는 날 동안에 그 일들이 네 마음에서 떠나지 않도록 조심하라 너는 그 일들을 네 아들들과 네 손자들에게 알게 하라 신 4:9

이 본문에서 '너'라고 지칭한 사람은 바로 부모들이다. 하나님께서는 부모가 하나님을 잊지 않고 기억하여 후손에게 알게 하기를 원하신다. 그리고 척박한 광야에서 이스라엘 민족을 어떻게 먹이고 살리셨는지 대대손손 알게 하려고 만나를 법궤 안에 간직하게 하셨다. 부모가 보고 들은 하나님을 자녀에게 전달할 사람은 부모 자신인 것이다.

부모는 자녀 앞에서 하나님을 전하는 큰 사명을 받은 자들이다. 부모가 가르쳐준 만큼, 삶으로 보여준 만큼, 전해준 만큼 자녀는 하나님을 알게 된다. 부모는 하나님과 자녀 사이에서 하나님의 증인으로 존재한다. 그것이 부모의 정체성이다. 연약한 한 사람을 부모로, 증인으로 삼으시고 하나님의 자녀를 맡기신 것이다.

다른 세대의 길

그런데 눈앞에 자녀와 세상은 보이지만 하나님은 보이지 않아서일까? 부모를 세우시고 그 부모에게 명령하시고 기대하시는 하나님의 마음과 우리는 너무 멀리 떨어져 있다. 하나님을 가르치고 전하고 보여주라고 세운 증인이 하나님을 전하는 일에는 열심을 내지 않고, '유익하게도 못하며 구원하지도 못하는 헛된 것'을 따르며 세상 사람들보다 더 세상의 방법대로 자녀를 키우고 있다. 하나님을 아는 다음 세대를 세워야 할 부모가 스스로 '다른 세대'(삿 2:10)의 길을 걷고 있다. 이는 궤도에서 이탈한 것이고, 부모로서 면허정지 감이다.

부모들의 무분별한 교육열은 자녀가 하나님을 알 만한 시간과 여유를 앗아간다. 코로나19로 영상예배를 드리면서 많은 중고등부 아이들이 주일 아침부터 예배 대신 학원으로 달려가고 있다. 코로나 시대 이전에도 그랬지만, 더 거침이 없어졌다. 청소년부 교사들은 그 아이들과 부모들을 상대로 치열한 영적 싸움을 하고 있다. 자녀들에게 하나님을 보여줘야 할 부모들의 머릿속이 온통 자녀의 교육 문제로 가득 차 있다.

자녀는 하나님이 기르신다

나는 첫째 아이가 초등학교 3학년이 될 때까지 공부를 어떻게 도와줘야 할지 몰라서 손을 놓고 있었다. 하나님 뜻대로 하는 교육이 무엇인지 알지도 못했고, 그렇다고 세상 사람들이 하는 대로 마냥 따라갈 수는 없었다. 아무것도 안 하고 가만히 있기가 쉽지는 않았지만, 교육에 대한 부모들의 '확신 없는 속도 경쟁'이 내 눈에는 더 위험해 보이고 무섭기까지 했다. 거세게 흐르는 물살에 한번 몸을 담그면 다시 빠져나올 수 없을 것만 같았다. 저 길이 아닌 건 알겠는데, 가야 할 길은 어디인지 몰라 힘들었던 학부모 초년생 시절이었다.

기도하며 생각해보니 내가 걱정하고 있는 것은 자녀들의 교육 그 자체가 아니었다. 학령기에 접어든 자녀들이 '어떻게 하면 어려서부터 알던 하나님과 더 깊이 만나고 경험하게 할까'에 대한 것이었다. 물론 아이들이 공부를 통해 성취감을 얻는 일과 행복하고 즐겁게 자라는 것도 중요하기에 그야말로 생각이 많았다.

다른 아이들처럼 학원을 보내고 과외도 시켰다가는 두 딸에게 성경을 읽거나 묵상할 시간은 물론이고 엄마 손잡고 저녁에 기도하러 갈 시간조차 없을 것이 뻔했다. 그럼 이 아이들은 언제 하나님을 만나고 말씀을 읽겠으며, 기도하는 아빠와 엄마의 모습은 언제 보며 기도를 배우겠는가! 이다음은 없다는 생각이 들었다. 아이들이 시기마다 자기만의 방법으로 고사리손을 모아 기도하고 말씀을 듣거나 읽을 수 있는데 그 시간을 다 놓치고 나서 언제 하나님을 가르쳐주고 보여준다는 말인가! 굳을 대로 굳은 아이의 심령에 어찌 하나님을 심을 수 있겠는가!

아울러 다른 아이들과 똑같은 방법으로 공부를 시킬 수 없는 이유가 또 있었다. 아이들이 절대 행복할 리 없겠다는 결론 때문이었다. 인생은 마라톤과 같은데, 이 아이들이 인생의 즐거움도 모른 채 계속 달리기만 한다면 얼마 지나지 않아 주저앉아버릴 것만 같았다.

엄마인 나도 물론 불안하고 확신은 없었지만, 우리 아이들만의 교육 방법을 찾아보기로 했다. 무엇보다 하나님이 원하시는 우선순위를 생각하며 따라가보기로 결정했다. 말씀을 묵상하고 기도하는 법을 즐겁게 배우고 실행할 수 있는 시간을 확보하는 것이 가장 중요하다고 생각했다. 사교육은 아이가 원하는 것 외에는 시키지 않았다. 방학 때는 자기 주도적 공부 방법에 대해 아이들과 함께 책을 찾아보고 시도해보았다. 일단 아이들의 기질에 맞고 본인이 원하는 학습법을 골라서 실행해보았다. '아이들이 과연 자기 주도적인 공부를 한다고 할까?' 하고 걱정이 되었지만, 학원에 다니느라 바쁜 친구들에 비해 자기들은 놀 시간이 많다며 좋아했다. 그리고 느리지만 꾸준히 공부하다 보니 각자 자신만의 학습법을 찾게 되었다. 눈앞이 캄캄할 때도 많았지만, 아이들에게 정성을 담은 식사와 간식을 만들어주며 기도로 힘껏 응원했다.

가정은 부모 마음대로 사는 곳이 아니다. 가정을 만드신 하나님이 가정의 주인이시며, 그분은 '성경'이라는 가정의 설계도를 가지고 계신다. 그래서 가정과 부모를 향한 하나님의 뜻을 말씀에서 발견하고, 내 가정과 자녀에게 그 뜻을 어떻게 이루기를 원하시는지 기도로 여쭈어야 한다.

남들과는 다른 우선순위로 자녀를 키우는 것이 나도 두려웠다. 그러나 자녀에게 하나님을 전하고 싶은 부모의 서툰 몸짓을 주님이 받으시고 자녀를 기르시더라는 체험담을 다른 부모들에게 꼭 전하고 싶었다.

상담가적 부모와
코치형 부모

하나님의 증인된 부모는 하나님의 말씀으로 무장하는 것만으로는 충분하지 않다. 부모 자신의 상처가 온전히 치유되었는지 살펴야 한다. 부모에게 치유되지 않은 상처가 있으면 하나님을 전할 때 어려움을 겪기 때문이다. 이때 부모의 상처가 자녀에게 전가되지 않도록 주의해야 한다. 무엇보다 복음의 통로가 시원하게 뚫리도록 부모의 상처가 치유되어야 한다. 또한 하나님을 전하는 위대한 부모는 자녀를 한 사람의 타인으로 보고 존중과 격려로 응원할 수 있어야 한다. 그래서 한 사람의 내면을 깊이 돌보는 상담과 코칭에 대한 교육이 부모에게 매우 절실하다.

자녀가 어릴수록 가장 중요한 부모의 역할은 '양육자' 역할이다. 아이가 '표현하는 것'(output)은 적지만, 많은 것을 '받아들이는'(input) 시기이기 때문에 부모의 양육자 역할은 매우 중요하다. 아이는 단순하고 반복적인 일상에서 부모의 표정과 말투를 통해 자신을 돌보는 태도를 읽어낸다. 자기가 사랑받고 있는지, 사랑받을 만한 존재인지를 끊임없이 확인한다.

자녀가 커가면서 부모에게는 '상담가와 코치' 역할이 절실하게 요구된다. 양육자 역할과 달리 상담이나 코칭 경험이 전혀 없는 부모라면 배워야 한다. 사실 부모들을 상담하거나 코칭을 하다 보면 '부모에게 상담가와 코치의 자세가 조금만 갖춰져 있다면 정말 효과적일 텐데…' 라는 생각을 자주 하게 된다. '상담가적 부모, 코치형 부모 교육'은 위대한 부모가 탄생하는 데 중요한 필수과목이다.

상담과 코칭이 필요한 이유

그러면 상담과 코칭은 어떻게 다를까.

표1 상담과 코칭의 차이

과거에 힘들었던 경험이 지금까지 부정적인 영향을 끼치는 '문제 영역'에 있다면 상담이 필요하다. 과거에 힘들었던 경험을 직면하고 인정하고 해석하게 함으로써 그 영향력에서 벗어나도록 도와야 한다. 그래서 별문제 없이 지내는 '안정 지점'에 이르렀을 때 변화와 성장을 경험하고 싶다면 코칭이 필요하다. 코칭은 하나님과 자신이 원하는 삶이 되도록 돕는다. 상담이 '나는 괜찮지 않다'는 부정 심리학에 기반한다면 코칭은 '나는 변화하고 싶다. 변화될 수 있다'는 긍정 심리학에 기반한다. 물론 '나는 괜찮지 않다'고 직면하는 것은 쉬운 일이 아니다. 자신의 부정적인 면을 직시하는 것은 자신의 긍정적인 면을 보는 것만큼이나 매우 용기 있고 꼭 필요한 자세이다.

부모는 왜 상담과 코칭의 자세를 배워야 할까? 상담 교육의 필요성부터 살펴보자. 가끔 부모와 자녀가 언쟁이라도 할라치면 부모들이 잘 하는 말이 있다.

"내버려 둬. 나는 이렇게 살다 죽을란다!"

무책임한 말 같지만, 부모도 자신이 잘 바뀌지 않는다는 것을 알기 때문이고, 그런 자신이 부끄럽기도 해서 하는 말이다. 그러나 리더인 부모가 변화하지 않는데 가족 중 누가 변하겠는가. 상담 교육을 통해 부모가 변하고 치유됨으로써 배우자와 자녀의 변화와 치유를 기대할 수 있다.

부모는 자녀에게 사랑만 주고 싶지만 다음 그림처럼 부모의 사랑이 흘러가는 파이프 속에 '부모의 아픔과 상처'가 심지처럼 박혀서 자녀에게로 함께 흘러간다. 하지만 자신의 아픔과 상처까지 주고 싶은 부모가 어디에 있겠는가! 이것이 부모가 치유를 경험해야 하는 절박한 이유이다. 치유받을 것이 없는 부모는 없지만, 있다고 해도 '치유된 부모'가 '치유받을 것이 전혀 없는 부모'보다 더 좋은 부모가 될 수 있다. 왜냐하면 치유된 부모는 자녀를 이해하고, 자녀를 치유할 수 있는 '치유받은 치유자'가 될 수 있기 때문이다. 사랑의 관 속에 박혀 있는 심지의 지름을 최소화하는 것은 부모 상담 교육의 중요한 목표 중 하나이다.

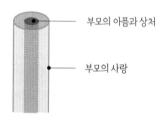

그림5 자녀에게 흘러가는 부모의 사랑과 상처

또한 그리스도의 복음을 전하는 일에 지장을 주지 않기 위해 부모는 치유받아야 한다(고전 9:12). 가정에서부터 복음의 계승이 일어나야 하는데, 부모가 치유되지 않으면 복음의 계승에 큰 장애가 될 수 있다. 사람이 자신의 심리를 알고 자기를 이해하는 것은 치유의 중요 과정이다. 그러므로 부모 자신의 심리를 알고 타인인 자녀의 마음까지 이해할 수 있는 상담 교육은 그리스도의 복음 전수에 반드시 필요하다.

코치형 부모가 필요한 이유를 세 가지로 말할 수 있다. 첫째, 부모 자신과 자녀의 사명을 이룰 자원과 해결책을 발견하는 데 큰 도움이 된다. 둘째, '내 생각이 옳다'고만 생각하던 부모가 자녀의 생각도 알고 싶어 하고, 받아들이는 수평적 관계를 맺을 수 있다. 셋째, 자녀 스스로 변화할 수 있도록 부모가 곁에서 사기를 북돋고 응원할 수 있다. 그러므로 부모가 먼저 코칭 철학과 코치의 자세를 내면화하여 자녀 스스로 변화하도록 돕는 코칭 교육 또한 필수적이다.

자녀는 상담가적 부모와 코치형 부모를 통해 자신을 받아들이고, 깊은 상처를 치유하시는 하나님과 우리의 보이지 않는 잠재력과 소원을 알고 인정해주시는 하나님의 눈길을 경험한다. 그래서 상담가적 부모와 코치형 부모는 하나님을 보여주고 전하기 위해 잘 준비된 부모들이다.

나를 알고 너를 이해할 때
치유는 시작된다

이 부분은 되도록 자녀가 아닌, 부모 자신의 성장 과정을 염두에 두고 읽기를 바란다. '내가 아이를 이렇게 키웠겠구나'라는 생각은 차후에 하고, '내가 이렇게 자랐겠구나'에 집중해보자.

부모가 자녀에게 줄 수 있는 가장 큰 선물은 '부모 자신'이다. 부모가 소유한 것(having)과 해줄 수 있는 것(doing)은 부모 자신(being)만큼 중요하지 않다. 따라서 부모이기 전에 단독자로서 나 자신에 대한 이해가 절실하다. 또한 인간(타인)에 대한 이해 역시 필요하다. 자신과 타인에 대한 이해는 자녀에 대한 이해로 이어지기 때문에 부모는 자신의 성장 과정을 먼저 이해해야한다.

부모와의 경험이 중요하다

내가 상담 공부를 시작하고 제일 첫 시간에 배운 내용이다. 이 부분을 읽으면 나는 아직도 가슴이 뛴다.

"자기 자신이나 낯선 대상을 '~하다'고 느낄 때, 무엇을 근거로 그렇게 이해하고 느끼게 되는 것일까? 그것은 그동안 내가 만나온 사람들과의 '관계 경험'을 근거로 한다. 관계 경험 중에서 가장 중요한 경험은 '부모와의 경험'이다."

모든 자녀는 부모가 자신을 바라보는 눈길로 자기 자신을 보고, 부모가 나를 바라보는 눈길로 타인을 보고 또 세상을 본다. 만약 부모가 자녀인 나를 긍정적으로 바라보고 기대한다면 남들도 나를 좋은 마음으로 기대하며 바라본다고 생각하기 쉽다. 그러나 부모의 눈길이 그 반대라면 온 세상이 나를 부정적으로 바라본다고 생각하기가 쉽다.

아주 오래전 몇몇 사람과 소그룹으로 모였을 때 일이다. 내가 한 젊은 엄마에게 어떤 장점을 말해주었는데, 어쩔 줄 몰라 하며 당황한 기색이 역력했다. 나중에는 기분이 얼마나 나쁘고 화가 나는지 얼굴이 벌겋게 달아올라 있었다. 그 모임을 어찌어찌 끝내고 마음이 불편했던 나는 그 분의 집을 찾아갔다.

"아까 제가 무슨 실수를 했나 봐요. 안색이 안 좋으셔서 걱정되어 와봤어요."

그 분은 그 자리에서 자신의 기나긴 이야기를 들려주었다. 요약해보면, 어려서부터 칭찬이란 걸 들어본 적이 없다가 갑자기 칭찬을 들으니 자신을 놀리는 것 같은 느낌이 들어 본인도 놀랐다는 거였다. 그 분의 부모님은 물론이고 조부모님까지 남동생만 칭찬하시고, 자기는 아무리 최선을 다해도 칭찬해주신 적이 없었단다. 이처럼 어린 시절 부모에게 받은 상처는 어른이 되어서도 남아 있다. 치유될 만한 특별한 기회가 없었다면 말이다.

앞에서도 언급했듯이 인간의 마음은 자기 스스로 형성하고 성장하는 것이 아니라 부모와의 관계에서 만들어지고 자란다. 부모와의 기본적인 신뢰의 바탕 위에 정서적 만족감을 느끼며 마음이 건강하게 자라기도 하고, 그렇지 못하기도 하다. 인간 내면의 성장은 신비하기 그지없다.

자녀를 바라보는 부모의 눈길과 손길과 영적 관심은 매우 중요하다. 부모는 자녀를 하나님의 눈길로 바라보고 타고난 귀한 면을 발견하고 전달해야 한다. 또한 부모의 손길은 부드럽고 따듯해야 한다. 특히 어린 자녀에게는 부모의 스킨십이 '상'(賞)과 같다는 것을 기억하라. 선물을 사주기보다 품에 안고 쓰다듬어줄 때 어린 자녀는 부모로부터 큰 상을 받았다고 느낀다. 어린 자녀뿐 아니라 다 커서 결혼한 자녀, 부부, 연로하신 부모님에게도 부드러운 손길은 모두 상이 될 수 있다. 부모의 영적인 관심 또한 더할 나위 없이 중요하다. 자녀가 하나님을 만났는지, 말씀과 기도로 하나님과 교제하는 법을 알고 있는지, 정기적으로 하나님과 교제하는지, 어떤 친구를 만나고 있는지, 교회 생활에 어려움은 없는지 등을 잘 살피며 도와줘야 한다. 부모의 바람직한 눈길과 손길과 영적인 관심을 통해 자녀는 부모와 좋은 관계를 맺게 되고, 마음이 자라며 성숙한다.

발달단계에 따른 발달과제

다음은 인생의 각 발달단계에 따른 발달과제이다. 프로이트와 에릭슨의 발달단계를 포괄적으로 연결해보았다.

나이	발달단계	발달과제		
0~18개월	구강기(영아기)	기본 신뢰	:	불신
~3,4세	항문기(걸음마기)	자율성	:	수치심, 의심
~6,7세	남근기(학령전기)	경쟁 주도성	:	죄책감
~12세	잠재기(초등학생기)	성취감	:	열등감
~20세	청소년기	자아 정체성	:	역할 혼란
	초기 성인기	친밀감	:	소외감
	중기 성인기	재생산	:	정체된 느낌
	후기 성인기	삶이 통합된 느낌	:	절망감

표2 연령별 발달단계에 따른 발달과제

사람은 누구나 연령별 단계에서 해결해야 하는 과제가 있다. 그것을 발달과제라고 하는데, 기본 신뢰, 자율성, 경쟁 주도성, 성취감, 자아 정체성, 친밀감, 재생산, 삶이 통합된 느낌 등이다.

그 과제를 성공적으로 해결하고 나서 다음 발달단계로 진입한다면 이상적이다. 나무에 나이테가 생기면서 더 단단하게 자라듯이 사람도 한 단계를 지날 때마다 그 단계에 따른 과제를 잘 해결하며 성장해야 한다. 하지만 때로는 발달과제를 제대로 해결하지 못한 채 불신, 수치심, 의심, 죄책감, 열등감, 역할 혼란, 소외감, 정체된 느낌, 절망감 등을 안고 성장하거나 나이들어가기도 한다. 누구나 그렇게 '지금의 나'가 된 것이다.

인간의 발달단계와 발달과제는 부모들이 꼭 알아야 할 내용이라서 간단히 설명을 덧붙이려고 한다. 앞에 나온 표를 참고하면서 부모 자신이나 자녀가 각 발달단계를 어떻게 보냈는지 생각해보자.

1. 구강기(영아기)

발달단계 중에서 구강기(0~18개월)는 인생에서 가장 중요한 시기이다. 이때 기본적 신뢰가 형성되거나 반대로 불신(불안)이 생길 수도 있다. 의존 욕구가 제대로 충족되지 않을 경우, 분리 불안을 느끼거나 의존적 성격이 될 수도 있다. 그래서 엄마와 떨어져서 놀 수 있는 아기들도 있지만, 엄마와 같이 있어도 불안해하는 아기들도 있다. 부모와의 애착 관계를 통해 구강기 발달과제인 기본 신뢰가 잘 형성되면 부모와 가정을 '안전 기지'(secure base)로 받아들인다. 언제든 떠날 수 있고 돌아오면 그 자리에 있는, 아무 조건 없이 받아주는 그런 부모와 가정! 그 '안정감' 은 다른 시기가 아니라 이때 형성되어야 한다. 한 사람의 평생을 책임질 귀한 안정감이다.

2. 항문기(걸음마기)

항문기에는 자율성(자주성)이 형성되기도 하고, 반대로 수치심과 의심이 일어나기도 한다. 그런데 그 수치심과 의심 때문에 강박적이거나 완고한 성격이 될 우려가 있다. 상담할 때 완고하거나 강박적 성격을 가진 사람을 만나면 인생에서 잃는 것이 많다는 생각이 든다. 항문기 배변 훈련은 엄하지 않게 하고, 잘했을 때는 칭찬해주며 이끄는 것이 중요하다.

3. 남근기(학령전기)

남근기에는 경쟁 주도성이 형성되는데, 부모로부터 지나친 간섭과 제재를 받으면 죄책감이 생기기도 한다. 부모의 말을 잘 듣지 않는 '미운 일곱 살의 정체'는 발달과제인 주도성을 획득하고자 하는 정상적인 발달이다. 그런데 언제부터인가 부모들이 '죽이고 싶은 일곱 살'이라는 무시무시한 표현을 쓰는데, 자녀의 발달상황을 전혀 모르고 하는 말이다. 성적(性的) 호기심을 갖게 되는 시기이고, 자기중심적이며 감정 기복이 심한 히스테리 성격이 될 수도 있다.

특히 만 6세 이전의 발달과제는 다른 단계에서 회복하기가 쉽지 않아 중요하다. 이 시기에 다른 어느 시기보다 부모와의 관계에서 발달과제를 해결해야 하기에 생후 2년까지 시기와 초등학교에 입학하기 전까지 시기에 부모의 역할은 아무리 강조해도 지나치지 않다.

4. 잠재기(초등학생기)

잠재기는 비교적 평탄하게 지나가는 편인데, 이 시기에 반드시 아이에게 학업 성취감을 느끼도록 해줘야 한다. 1등을 해야만 칭찬하는 것이 아니라 작은 성취(평균 1점 오른 것, 등수 한 단계 오른 것 등)에도 긍정적 변화임을 일깨워주고 자녀에게 성취감을 맛보게 하는 것이다. 아무리 공부해도 좀처럼 성취감을 느끼지 못하는 요즘 초등학생의 부모들이 꼭 기억해주기를 바라는 내용이다.

5. 청소년기

청소년기에는 자아 정체성을 확립하기도 하지만, 반대로 자아 정체성의 혼란을 겪기도 한다. 자신이 누구인지 알고, 부모와는 다른 존재임을 증명하기 위해 '반항'을 택하기도 한다. 청소년기에 반항하는 자녀를 둔 부모가 얼마나 힘든지 우리는 잘 알고 있다. 그렇지만 그 순간에도 '내 아이는 정상이다', '잘 자라고 있구나'라는 눈길을 보내는 것이 바람직한 부모의 자세이다.

청소년기에 부모님 말씀을 잘 듣고 공부만 하던 자녀 중에서 뒤늦게 성인이 되어 사춘기를 앓으며 부모의 삶이 아닌 자신의 삶을 찾아보고자 몸부림치는 이들이 늘고 있다. 이른바 '지랄 총량의 법칙'이라고 부르는 현상인데, 인간에게는 자신이 누구인지 알고, 자기가 원하는 것을 찾기 위해 요동치는 시간이 필요하다는 것이다.

6. 초기 성인기

초기 성인기에는 친구, 연인, 부부 사이에 친밀감을 형성하기도 하고, 반대로 소외감과 고립감을 느끼기도 한다. 특히 30대가 되면서 '이 인생이 정말 내가 원했던 인생인가?'를 생각하며 전환기를 맞기도 한다. 주일학교 영아부에서는 어린 영아들을 돌보는 것과 함께 어린 자녀를 둔 부모들이 이 전환기를 맞이했음을 유념하고 부모들을 돕는 사역을 개발한다면 매우 효과적일 것이다.

7. 중기 성인기

중기 성인기에는 자신의 인생이 재생산되고 있다고 느끼기도 하고, 정체되어 있다고 느끼기도 한다. 자녀나 후배들을 도와주거나 가르칠 것이 있고, 그들로부터 감사 인사를 들을 때 자신의 인생이 재생산된다는 느낌을 받는다. 반면에 그렇지 못할 때는 자신의 인생이 정체되었다고 느낀다.

8. 후기 성인기

후기 성인기에는 삶이 통합된 느낌을 받기도 하고 절망감을 느끼기도 한다. 삶이 통합된 느낌이란 내 삶에서 '나라는 존재가 잘 살아냈는가, 나는 내 인생에서 좋은 사람이었나' 하는 의미일 것이다. 그 어느 때보다 매우 존재적(being)인 발달과제로 마무리된다.

인간의 수명이 계속 연장되면서 성인기를 구분하는 연령대가 바뀌고 있다. 후기 성인기는 노년기라고 부를 수도 있는데, YO세대(Young old, 65~80세)와 OO세대(Old old, 80세 이후)로 다시 세분되기도 한다. 결론적으로 부모로서의 삶이 굉장히 길어지고 있다.

나는 지금 어디에 있는가?

언젠가 차에 내장된 내비게이션이 말썽을 부렸다. 현재 위치를 파악하기 위해 계속해서 신호음이 울렸지만, 아무리 해도 제 위치를 찾지 못했다. 자기 위치를 찾아야 목표 지점까지 왼쪽으로 갈지, 오른쪽으로 갈지 혹은 앞으로 갈지, 뒤쪽으로 갈지 안내할 수 있는데 말이다. 우리의 인생도 마찬가지다. 내가 누구인지 알아야 어디로 갈지, 무엇을 해야 할지 알 수 있다.

앞에서 설명한 인생의 발달단계를 참고해 부모인 나 자신의 삶을 조용히 돌아보는 시간을 가져보자. 하나님 앞에 가식 없이 진정한 자신을 마주하려면 반드시 필요한 작업이다. 결국 내가 '어떻게 성장했는지' 알아야 내가 '어떤 부모인지' 정확히 알 수 있다. 나 자신에 대해 알아가는 것은 모든 치유의 시작이다.

상담가적
부모의 탄생

마음을 치유하는 일은 자기 자신을 알아가는 과정이기도 하다. 그래서 부모 자신의 초기 성장 과정과 가족 간의 관계를 알고 이해하는 것은 매우 중요하다. 아주 어릴 때 일은 기억하기 어려울 테니 부모나 손위 형제자매에게 물어보고 유추하는 편이 좋다. 어린 시절 자신에게 어떤 일과 아픔이 있었는지 직면해보자.

사람들, 특히 기독교인은 "부모를 공경하라"는 하나님의 준엄한 명령 때문에 부모를 향한 부정적인 마음을 묻어 두려고 애쓴다. 그러나 부모와 힘들었던 관계 경험은 배우자와 자녀 관계까지 그대로 영향을 미치게 된다. 우리는 여기서 부모의 사랑과 감사를 부인하거나 무시하려는 것이 아니라 부모의 사정과 상황을 더욱 온전히 이해하고, 나 자신이 치유되기 위해 부모님이 나에게 주신 상처와 아픔에 대해 살펴보고자 한다.

어떤 사람의 깊은 상처는 대부분 부모로부터 온 것이라고 해도 과언이 아니다. 앞에서 말했듯이 부모는 자녀에게 사랑만 주고 싶지만, 그렇게 성숙한 부모는 극히 드물다. 부모의 극진한 사랑이 흘러가는 관(管) 속으로 부모의 약함과 상처도 심지처럼 박혀서 따라 흘러간다. 부모도 감당하기 힘들었던 아픔을 은연중에 자녀에게로 흘려보낸 것이다.

그래서 우리 모두 상처에 관한 한 '피해자인 동시에 가해자'인 셈이다. 부모에게 사랑도 받았지만, 마음에 남은 상처도 있다. 그러다 보니 나는 피해자, 부모는 가해자로 느껴질 수 있다. 그러나 나의 부모님도 그 분들의 부모님 앞에서는 상처 입은 피해자이기도 하다는 것을 기억하자. 나도 자녀로서는 상처 입은 피해자이지만, 부모가 되어 자녀에게 주고 싶지 않은 상처를 주지 않았는가. 실수 없는 부모는 없다. 인간은 나 자신도 어쩔 수 없는 안타까운 존재이다.

부모를 객관화하는 두 가지 방법

부모를 볼 때 나에게 상처를 준 대상으로만 보지 않고 타인을 보듯이 객관적으로 볼 수 있다면 건강한 치유는 일어나게 되어 있다. 여기에 부모를 객관적으로 보는 두 가지 방법을 소개하고자 한다. 전문 상담사나 코치의 안내를 받으며 진행하면 좋겠지만, 상담사나 코치가 옆에 없어도 성령님께서 도우시리라 믿는다. 가능하면 조용히 아무도 없는 곳에서 자신을 주님의 보혈로 덮고 성령님의 도우심을 구하며 실행해보기 바란다. 놀라운 치유를 경험할 것이다.

1. 자리 바꾸기

상담과 코칭에서 많이 사용하는 '자리 바꾸기'(position change)이다. 아래 그림처럼 테이블을 가운데 두고 마주 보는 A와 B자리에 각각 빈 의자를 놓는다(A: 상대 자리, B: 내 자리, C: 제3자 자리, 의자 없이 서 있는 자리). '나' 한 사람이 A, B, C 자리로 옮겨가며 그 사람이 되어봄으로써 나의 관점뿐 아니라 상대방 입장 그리고 제3자의 입장이 되어보는 것이다. 이를 통해 상대방을 이해하고 상대의 상황을 객관적으로 바라보는 통찰력을 얻게 된다.

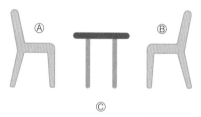

그림6 자리 바꾸기(position change)

① A는 '나에게 상처를 준 사람('어머니'라고 가정)의 자리'이다. 그 자리에 지금 어머니가 앉아 있다고 생각해보자. B는 '나('딸'이라고 가정)

의 자리'이다.

② B에 앉아서 A자리 어머니에게 그동안 하고 싶었던 이야기를 해보자. 어릴 때 하고 싶었던 이야기도 좋고, 요즘 하고 싶은 이야기를 해도 좋다. 하면 안 되는 말은 없다. 충분히 다 말했다 싶을 때까지 이야기한다.

③ 할 말을 다 하고 나면 C자리에 서서 어머니의 모습, 음성, 생각, 행동 등을 떠올려본다.

④ 내가 '어머니'가 되어 A에 앉아본다. A에 앉아 B에 있는 딸에게 하고 싶은 이야기를 해도 좋고, 조금 아까 딸에게 들은 말에 대한 답을 해도 좋다. 어머니 자리에 앉아 그 분이 되어 보면 신기할 정도로 보이지 않던 어머니의 마음이 보이고, 어머니가 했음 직한 말들이 떠오른다.

⑤ A에서 어머니가 되어 충분히 이야기하고 난 후, C자리에 서서 제3자의 입장에서 볼 때 앞으로 두 사람의 관계가 어떻게 될 것 같은지 생각해본다.

⑥ 다시 나의 자리인 B에 앉아서 어머니나 나 자신에 대해 달라진

감정이나 생각이 있다면 이야기해보자. 기록으로 남기면 더 효과적이다. 자리 바꾸기를 마친다.

어떤 분들은 자리 바꾸기를 하다가 부모님의 극단적인 모습이 떠올라 욕을 하기도 한다. 처음에 나도 그런 모습을 보고 놀랐지만, 자신의 상처 난 마음을 회피하거나 덮어버리는 것보다 잘 토해내고 이야기할수록 결국에는 부모님을 더 깊이 이해하는 놀라운 일이 일어난다는 것을 알았다. 내담자들은 '지금의 자신보다 더 어렸던 부모', '자신보다 더 힘들었던 부모의 환경' 등을 떠올리기도 한다.

2. 타인의 눈으로 우리 집 들여다보기

부모를 객관적으로 볼 수 있는 두 번째 방법은 내가 자란 원가정의 집 전체가 유리로 되어 있어서 안이 훤히 들여다보이고

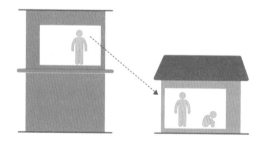

그림7 원가정 들여다보기

그 안에 살고 있는 부모님과 형제들의 말소리도 다 들린다고 가정해보는 방법이다.

'타인'이 되어 옆집을 보는 것처럼 자신의 가정을 들여다보라. 그 집 방마다 누가 있는지, 어떤 표정인지, 뭘 하고 있는지, 그때 나는 어디에 있었고 어떤 마음인지 살펴보라. 우리 집의 느낌은 어떤지, 특히 나에게 상처를 준 부모님은 어떤 모습으로 무슨 생각을 하고, 무슨 말을 하고 있는지 들어보고 들여다보자. '타인의 눈으로' 내 가정과 부모와 형제를 볼 때 지금껏 보이지 않았던 많은 것을 보게 될 것이다.

내 경우, 우리 집을 그렇게 들여다보았더니 그동안 한 번도 본 적 없는 언니 오빠들이 슬퍼하는 모습을 볼 수 있었다. 부모님이 크게 다투실 때마다 나이 차가 많이 나는 언니 오빠들은 좀처럼 방에서 나오지 않았고, 막내인 나만 엄마를 걱정하며 동동거린다고 생각했다. 그때는 그 모습을 이해할 수가 없었다. 그런데 그렇게 무심하게만 보였던 언니와 오빠들이 나보다 오랫동안 그 일들을 겪으며 지치고 힘들었으며, 그때마다 방에서 웅크리며 슬퍼했다는 것을 알게 되었다.

용서의 배 한 척

부모님을 좀 더 객관적으로 보게 되면 여태껏 보지 못한 그 분들의 약함과 어려운 사정과 '가난하고 못 배워서 몰랐다'고 하신 말씀이 무슨 말인지 보이고 들리기 시작한다. 그때 주님께 '용서의 배' 한 척을 구하자. 자녀인 우리가 부모님을 용서할 자격이 있는지는 모르겠지만, 부모님을 용서의 배에 태워 성령의 강물에 띄워 보내드리자. 그리고 부모님도 피해자였기에, 그 마음의 상처가 자녀인 나에게 흘러올 수밖에 없었다고 말해보자. 내 안의 모든 원망과 자기연민과 피해의식을 주님 앞에 벗어던지고, 이제 나는 상처의 고리를 끊어버린다고 선포하라.

이런 마음을 부모에게 편지로 쓰는 것도 상당히 의미 있고 효과적인 일이다. 하지만 '화해의 편지'는 쓰는 방법이 따로 있다. 내 오래된 부정적인 감정을 잘못 쏟아놓았다가는 더 어려운 일이 생길 수도 있기 때문이다. 화해의 편지 쓰기는 5장에서 자세히 안내할 예정이다. 물론 이 편지는 실제로 부모님에게 드릴 수도 있고, 써놓고 부모님에게 전하지 않을 수도 있다. 그러나 편지를 쓰기 전과는 분명히 다른 삶을 살게 될 것이다.

자신의 인생을 해석하라

위의 과정을 통해 조금이라도 자기 자신을 알게 되고, 부모님을 이해하게 되었다면 이제 풀어놓았던 상처의 짐 보따리를 정리할 시간이다. 상담자에게 상담을 받고 나서 도리어 더 힘들다고 하는 분들이 있다. 온갖 상처를 풀어만 놓았을 뿐 다음과 같은 '해석'의 단계를 거치지 않아서 그렇다. 다음의 안내를 따라 시간을 두고 하나씩 실행하면서 자신의 인생을 해석해보자. 보통 한 주에 하나씩 생각해보고 실행해보는 것이 효과적이다.

1. 자신의 노고 알아주기

어렵고 힘들었던 인생에서 길을 찾으려고 애쓴 자신의 노고를 알아주며 치하하라. 최고의 인생은 아니었을지라도 맡겨진 인생을 포기하지 않은 것을 격려하라. 자신의 머리나 가슴에 두 손을 얹고 눈을 감은 다음 자기 자신에게 집중해보자. 그 상태에서 자신에게 "수고했다"라고 말해주고 치하해주면서 가만히 그 말을 잘 들어보라. 아마 평생 누군가에게 가장 듣고 싶었던 말을 듣게 될 것이다.

2. 부모님의 인생 알아드리기

나보다 더 어렵고 힘든 삶을 살아내며 부모의 역할을 배우지 못해 실수하고 당황했을 부모님의 인생을 생각해보라. 간단한 말이나 글로 부모님께 표현한다(편지를 쓴다면 5장의 안내를 참고하기 바란다). 너무 무겁지 않게 부드러운 말로 직접 표현하는 것도 좋다. 이렇게 말해볼 수 있다.

"생각해보니 우리 집이 사기당했던 때가 아빠가 지금의 나보다 더 젊을 때더라고요. 어린 우리를 데리고 얼마나 힘드셨을까."

3. 하나님께 감사하기

힘든 인생길을 함께 걷고 지금까지 인도하신 하나님께 감사하라. 하나님께 편지를 써도 좋고, 기도 시간에 다른 간구는 내려놓고 오직 내 곁에서 인도해주신 주님의 은혜에 감사하고 찬양하는 시간을 가져보자.

주님을 만나는 치유의 현장

지금도 잊을 수 없는 오래전 어느 내담자의 이야기이다. 상담을 받던 어느 날, 그 분이 나에게 물었다.

"뭘로 맞는 게 제일 아픈지 아세요?"

그 분은 아주 어릴 때부터 아버지와 어머니 모두에게 심한 구타를 당하며 자랐다고 했다. 물이 얼어서 딱딱해진 호스로 맞는 것이 가장 아팠는데, 그날도 매를 피해 창고에 숨어 있다가 '저걸 먹으면 죽으려나' 하며 옆에 있는 기름을 마셨다. 배가 뒤틀리고 아파서 정신을 잃었는데, 정신을 차려보니 칠흑 같은 밤이었다. 그 순간 너무 무서워서 혼날 것을 알면서도 집으로 들어갔다는 이야기였다.

그 분이 그날 상담을 마치고 기도하고 싶은 마음이 들어 교회 기도실에 들러 무릎을 꿇었는데, 잊고 싶었던 여섯 살 때 그 헛간이 선명하게 떠올랐다고 한다. 그리고 자신이 쓰러져 있던 그곳에 주님께서 자신을 지키고 계신 환상을 보았다. 그 순간 주체할 수 없는 눈물이 쏟아졌다. 그날 그 분이 흘린 감사의 눈물은 질곡의 순간마다 함께하시고 인도해주신 주님을 만난 기쁨의 눈물이요 치유의 눈물이었으리라.

자녀는 '부모라는 거울'에 비친 자신을 보고 자란다. 부모가 자녀를 판단하고 왜곡하는 치유되지 않은 거울이라면 자녀 또한 건강할 수가 없다. 자녀는 성장하면서 자신을 이해하고 수용해준 대상과 경험을 결코 잊지 못한다. 상담가나 배우자 또는 친구들을 통해 그런 경험을 해볼 수도 있지만, 부모가 자녀를 있는 그대로 봐주고 이해하고 수용해준다면 가장 바람직하다. 자신을 공감하고 수용해준 관계를 경험해본 자녀는 그 행복하고 신선한 경험을 학습해 자신도 타인을 공감하고 수용하는 관계를 맺어간다. 이것이 바로 부모 자신이 치유되어야 하고, 상담가적 부모가 되어야 하는 이유이다.

코치형
부모의 모든 것

요즘 익숙한 명사 뒤에 '코칭'을 붙여서 '어! 저건 어떤 거지?' 하는 궁금증을 일으키는 것들이 있다. 라이프 코칭, 부모 코칭, 군(軍) 코칭, 학습 코칭, 커리어 코칭, 글쓰기 코칭 등이다. '코칭'은 코치와 고객(코칭받는 사람, 피코치)이 일정 기간 정기적으로 만나 코칭 시간을 갖는 것을 기본으로 한다.

그런데 최근에 일대일 코칭만큼이나 '코치형 리더'에 대한 관심이 높아지고 있다. 코치형 리더가 되기 위해 코칭 철학과 코칭 기술 등을 적용해 리더의 역할을 보다 효과적으로 수행할 수 있도록 '코칭 접근법'을 배우고 훈련받는다.

코치형 리더의 본질은 코치가 아닌 리더이다. 마찬가지로 '코치형 부모'의 본질은 코치가 아닌 부모이기 때문에 부모 역할을 보다 효과적으로 수행할 수 있도록 기본적인 코칭 철학 등을 내면화하는 것이 중요하다.

요즘은 대표적인 상명하복 단체인 군대에서조차 코치형 리더를 필요로 한다. 군 간부와 실무자들이 코치협회에서 코치형 리더십을 훈련받는 모습을 보면서 세상이 정말 많이 변했다는 생각이 든다. 나도 교사들에게 개인적으로 코칭 접근법을 안내할 때면 '코치형 교사'에 대해 배우고 훈련받은 교사들과 그렇지 않은 교사 간에 확연한 차이를 느낀다. 이렇게 온 세상이 리더와의 관계에서 많은 변화를 경험한다. 자녀의 리더인 부모가 변화해야만 하는 이유이다.

네 가지 코칭 철학에서 배우는 부모의 역할

"코칭은 개인과 조직의 잠재력을 극대화하여 최상의 가치를 실현할 수 있도록 돕는 수평적 파트너십이다."

이것이 한국코치협회가 정의하는 코칭의 의미이다. 코치는 피코치의 잠재력을 믿고 그 잠재력을 극대화할 수 있도록 돕지만, 피코치와 수평적인 파트너십을 갖는다. 그래서 '코치형 부모'라면 자녀의 잠재력을 믿어야 하고, 그 잠재력을 극대화할 수 있도록 옆에서 도와야 한다. 그저 부모가 주도하고 자녀는 끌려가는 것이 아니라 부모와 자녀 간에 수평적인 파트너십이 필요하다.

다음 네 가지 코칭 철학과 그에 따른 바람직한 코치형 부모의 자세와 역할을 안내하고자 한다.

1. 사람은 누구나 가능성과 잠재 능력이 있다

처음 코칭을 배울 때가 생각난다. 일주일 동안 각자 코칭을 하고 나서 학교에 모인 코치 초년생들이 코칭을 하며 어려웠던 점을 나누고 있었다. 그중 어느 코치가 "어제 코칭을 망친 것 같아"라고 말했다. 이유를 들어보니 피코치의 가능성과 잠재 능력을 믿지 못했고, 발견하지도 못한 채 코칭을 진행했기 때문이라는 이야기였다. '사람은 누구나 가능성과 잠재 능력을 가지고 있다'는 전제에서 걸린 것이다.

사실 이 코칭 철학은 하나님을 믿고 그분의 관점으로 사람을 볼 때 믿어지고 보이는 것이다. 코치나 부모라면 반드시 내면화해야 할 코칭 철학이다. 부모인 나는 어떤가? 자녀에게서 하나님이 심어놓으신 가능성과 잠재 능력이 보이는가?

2. 사람은 자신이 원하는 것을 찾는다

부모가 자녀의 행동을 보면서 마음에 들지 않을 때 '자녀 자신이 원하는 것을 찾고 있다'고 생각하기가 쉽지 않다. '쟤는 언제 철이 들까?' 하며 탄식하기가 쉬울 것이다. 그러나 게임에만 몰두하는 자녀라고 할지라도 현실에서 느끼는 구속이나 무기력을 떨쳐내고자 또는 자신의 힘을 발휘해보고자 가상 세계에 빠져 있는 것이다. 현실이 행복하다면 자녀는 그렇게까지 게임에 몰두하지 않는다. 자신의 힘을 부모나 선생님에게 다 빼앗긴 것 같은 괴로운 상황에서도 생을 포기하지 않고, 게임에서 자신이 원하는 것을 찾아가는 자녀의 모습은 어느 면에서 고맙기까지 하다.

자녀가 끊임없이 자신이 원하는 것을 찾고 있다는 관점에서 자녀를 바라보라. 그러면 자녀가 원하는 것이 무엇인지 보이고, 그동안 자녀가 원하는 것이 무엇인지 모르거나 오해했던 자신을 발견하게 될 것이다.

3. 해답은 각 사람의 내면에 있다

우리 내면에는 문제를 해결할 능력이 있다. 자녀도 마찬가지다. 그런데 자녀 스스로 문제를 해결할 수 없다고 생각하기가 쉽다. 자녀의 내면에 문제를 해결할 능력이 있다고 믿는 부모 아래 자란 자녀라면 스스로 해결 능력을 발휘할 수 있지만, 그렇지 않은 부모를 둔 자녀는 자신의 해결 능력을 자기 자신도 믿지 못한다. 대한민국의 부모들이 가장 많이 실수하는 부분이기도 하다. 부모가 자녀의 해결 능력을 믿고 기다려줄 때만 볼 수 있는 신비한 능력이다.

4. 코치와 함께할 때 더 쉽게 찾을 수 있다

코치들도 코칭 철학이 얼마나 내면화되어 있느냐가 중요하듯이 '코치형 부모'도 코칭 철학이 얼마나 내면화되어 있느냐가 중요하다. 위의 세 가지 코칭 철학으로 무장한 부모라면 그 부모와 함께할 때 자녀는 모든 문제의 해결점을 더 빠르고 쉽게 찾을 수 있을 것이다.

자녀를 생각할 때 가장 마음에 와닿는 코칭 철학은 어떤 것이고, 그것이 마음에 와닿는 이유를 생각해보자.

코치형 부모의 대화법

이번에는 코치형 부모의 대화법 네 가지를 알아보려고 한다.

1. 말하기보다 듣는 것이 중요하다

코칭을 할 때 코치는 피코치의 말을 경청해야 한다. 이때 듣기와 말하기의 비율은 8대 2 정도가 좋다고 말한다. 자녀들과 이야기할 때도 코치형 부모라면 자녀의 말을 경청하고, 7대 3 혹은 6대 4의 비율을 지키고자 노력하자. 가능하면 부모가 말을 적게 하고 자녀의 말을 들어주는 것이다. 그런데 부모가 할 말이 하도 많다 보니까 자녀들은 "몰라"라는 짧고 퉁명한 대답으로 '말 자르기'를 한다.

2. 자녀의 표정을 세심히 관찰한다

자녀의 언어도 중요하지만, 비언어(표정, 자세 등)에는 더 많은 단서가 숨어 있다. 실은 자녀도 부모의 말보다 표정과 자세에서 더 많은 것을 알아차린다.

3. 자녀와 속도를 맞추는 것(pacing)이 필요하다

'보조 맞추기'(pacing)란 부모가 자녀의 감정 상태, 말의 빠르기, 억양의 고조 등에 맞추는 것을 말한다. 그러나 그것은 결코 단순한 방법이 아니다. 자녀의 언어와 비언어를 살펴서 알게 된 자녀의 마음을 부모 마음에 담는 것을 말한다. 자녀를 부모 마음대로 일방적으로 끌고 가지도 않는다. 이것은 코치형 부모에게 꼭 필요한 자세이다.

자녀가 기분이 좋은 상태로 집에 들어왔을 때 웃음기 하나 없는 엄격한 얼굴로 대한 적은 없었는지 생각해보자. 반대로 자녀가 기분이 안 좋을 때 '도대체 쟤는 왜 저래?' 하며 무시하지는 않았는지 돌이켜보자. 보조 맞추기(pacing)는 부모와 자녀 사이에 호감과 신뢰를 쌓는 중요한 코칭 기술이다.

4. 자녀와 의견이 달라도 받아들인다

자녀의 의견이 나와 다를 때도 '너는 그렇구나'라고 받아들인다. '받아들인다'는 것은 상대방과 생각이 같거나 같은 행동을 해야만 할 수 있는 것이 아니다. 그저 '아, 너의 생각은 그렇구나', '지금 너의 감정이 그렇다는 말이지' 하고 알아주는 것이다. 훈련이 필요한 일이지만, 상대를 받아들이는 것이 자연스러워지면 부모 자녀 간에 최고의 관계를 형성해준다(5장에서 좀 더 설명하겠다).

자녀가 바라고 기다리는 부모

자녀와 의견이 부딪칠 때 '내 생각이 맞을까? 내 생각이 정말 최선일까?'라는 생각을 한 번이라도 해봤다면 당신은 코치형 부모에 가깝다. '내 생각이 옳다'는 부모의 강한 확신은 자녀와의 사이에 수평적 파트너십이 형성되는 것을 방해한다. '내 생각이 정말 맞을까?'라는 생각은 자연스럽게 '자녀의 생각은 어떨까?' 하는 궁금증으로 이어진다. 자녀들은 그런 부모를 기다리고, 그런 부모와 이야기하고 싶어 한다.

자녀에게 충분한 가능성과 잠재 능력이 있음을 믿고 기대하며 발견해주는 부모! 자녀가 자신이 원하는 것을 찾아가고 있다고 믿고 자녀의 행동을 긍정적인 눈길로 바라보는 부모! 자녀에게 문제를 해결할 능력이 있다고 믿고, 어떤 문제가 생겨도 그 문제로 인해 자녀가 더욱 성숙할 것을 믿는 부모! 그런 부모 아래 자랄 수만 있다면 얼마나 좋을까. 그렇게만 된다면 자녀는 부모에게서 하나님의 힘과 눈길을 느끼며 이 험난한 인생길을 조금

더 쉽고 행복하게 걸어갈 것이다.

물론 쉽지는 않지만, 부모로서 반드시 가져야 할 철학이요, 믿음이요, 싸워야 할 영적 전쟁이다. 자녀들은 '코치형 부모'의 탄생을 기다리고 또 기다린다.

03 부모, 멈춤의 시간

부모들이여! 여기서 잠깐 멈춰갑시다.
생각해보고, 기록해보고, 나눠보기를 바랍니다.

1 부모는 하나님의 증인이다. 하나님을 자녀에게 가르치고, 보여주고, 전해야 하는 사람이다. 하나님의 증인으로서 잘하고 있는 부분은 무엇이고, 변화하고 싶은 부분은 무엇인가?

2 3장을 통해 자신과 부모에 대해 알게 된 것이나 자신의 인생을 새롭게 해석하게 된 부분이 있는가?

● 나눌 수 있는 상대가 있다면 나눠보자.

'나눌 수 있는 상대'란 비밀을 유지하고 편견 없이 들어주는 상담가적 자세를 가진 사람을 말한다. 부모님에게 받은 상처가 치유되고 부모님을 객관적으로 이해하게 되었다면 배우자나 성인이 된 자녀와 나눌 수도 있다.

3 '코치형 부모' 부분에서 내 자녀를 생각할 때 가장 마음에 와닿는 코칭 철학은 어떤 것이고, 그 이유는 무엇인가? 그리고 자녀를 바라 보는 관점에 변화가 일어났다면 무엇인가?

CHAPTER 4

행복한 순간마다 찰칵!
사진 찍는 아이들

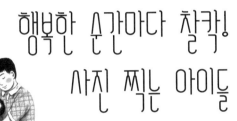

부모이기 전에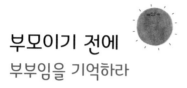
부부임을 기억하라

윌리엄 글래서 박사는 "사람은 누구나 자신의 욕구를 충족시켜 준 행동이나 대상, 즉 자신을 행복하게 만든 순간을 사진 찍듯이 찍어서 머릿속 사진첩에 저장한다"라고 말했다. 이 '머릿속 사진첩'이 두툼한 사람도 있을 것이고, 아주 얄팍한 사람도 있을 것이다. 그리고 그 사진첩에 부모와 행복한 시간을 보낸 사진이 가득한 사람도 있고, 그렇지 않은 사람도 있을 것이다.

그렇다면 내 자녀가 행복해서 찰칵! 하고 사진을 찍는 순간은 언제일까? 자녀의 머릿속 사진첩이 두툼해져서 살아갈 힘도 두둑하기를 바란다면 4장 전체를 잘 읽어보고 실행해보기 바란다.

배우자와 잘 사귀라!

부모는 부모이기 전에 부부이다. 자녀가 부모를 바라보았을 때 부부가 서로 눈을 맞추며 미소 띤 얼굴을 본다면 행복할 것이다. 그러나 부모가 늘 자녀 자신만 바라보고 있다면 그는 행복하지 않을 것이다. 자녀의 눈에 부모가 '부부로서' 행복해 보일 때 자녀들은 그 무엇과도 바꿀 수 없는 안정감과 행복감과 자신감을 얻게 된다.

부부는 배우자와 잘 사귀어야 한다. 시간과 정성을 들여서 만나고 대화해야 한다. 타인이었던 이들이 만나 한평생 함께하기로 했으니 이제부터 사귀고, 경험하고, 알아가며, 서로를 가꿔줘야 한다. 가능한 결혼의 감동이 남아 있는 신혼 때 이런 노력을 기울이는 것이 좋다. 결혼과 함께 상대에게 '주고 싶던' 마음이 어느새 '받고 싶은' 마음으로 변하기 때문이다.

신혼 때야말로 하나님을 의지해 배우자를 섬기고, 가장 가까운 이웃인 배우자를 사랑하는 것을 배워야 하는 시기이다. 그런 노력도 없이 배우자가 잘해주기만을 바란다면 서운함과 실망만 남을 것이다. 또 따뜻하게 눈을 맞추기도 어려울 것이다. 그러다 서로를 집 안의 가구(家具) 보듯이 보는 두려운 날이 임할지도 모른다. 집에 없으면 불편하지만, 그 자리에 있는 것이 너무나 당연한 존재처럼 말이다.

부부가 대화할 때도 자녀 양육과 교육 문제, 경제 이야기보다는 정서적인 대화가 필요하다. 나는 신혼 때 남편과 거실에서 두런두런 이야기하다가 밤을 새우곤 했는데, 둘이 처음 만났을 때 기분이나 설렘도 이야기하고, '엎어치기 한판'도 해주고, 부모님에게 들어보지 못했던 칭찬을 주고받다 보면 결국 우리 부부를 만나게 해주신 주님을 찬양하는 것으로 마무리되었다. 부부 관계가 좋을 때 가정은 성령으로 충만하다.

순종하는 부부가 누리는 복

여자의 머리는 남자이고 아내의 머리는 남편이다. 그러나 그 질서에 순종하는 아내를 통해 그 가정에 하나님의 통치가 시작된다. "아내들이여 자기 남편에게 복종하기를 주께 하듯 하라"(엡 5:22)는 말씀과 "남편들아 아내 사랑하기를 그리스도께서 교회를 사랑하시고 그 교회를 위하여 자신을 주심같이 하라"(엡 5:25)는 말씀은 이천 년 전의 케케묵은 말씀이 아니다. 지금도 부부의 삶에서 이뤄지기를 원하시는 하나님의 뜻이다.

나는 이 부분에서 하나님의 뜻이 어떻게 이루어지는지 궁금해하며 결혼 후 말씀에 순종하려고 노력했다. 무척 서툴렀지만, 진심으로 남편을 왕처럼 귀하게 여겼을 때 어느새 시댁과 남편에게 왕후 대접을 받는 호사도 누릴 수 있었다.

장병혜 박사는 앞서 소개한 책에서 "아이들에게 아빠의 자리를 좀 더 크게 만들어주라"라고 이야기했다. 그래서 나는 이런 표현을 자주 사용한다. "아빠의 자리를 크게 만드는 엄마, 엄마의 자리를 크게 만드는 아빠."

맞벌이 부모가 아니라면 아무래도 엄마는 아빠보다 아이들과 함께 있는 시간이 많다. 아이들에게 '자주 볼 수 없는 아빠'를 이해시키고 아빠에게 감사를 표하게 하라. 엄마가 자녀에게 운동화 하나를 사주었다면 고맙다고 인사하는 것을 가르쳐야 한다. 그러고 나서 "아빠가 우리를 위해 아침 일찍부터 수고해서 사주신 운동화니까 아빠에게도 감사 인사하자"라고 일러준다. 아빠는 집에 돌아와 아이들에게 영문도 모르는 감사 인사를 받으며 흐뭇해할 것이다.

남편 또한 아내가 정성껏 차려준 식탁 앞에서, 혼자 장 보랴 음식 준비하느라 힘들었을 아내에게 감사 인사하는 것을 보여줘야 한다. 그런 부모 아래 성장하는 자녀들은, 아빠와 엄마가 '부부로서' 깊이 아끼고 사랑하는 관계임을 알기에 행복을 느낀다. 그날 자녀들은 여러 장의 사진을 찰칵 찍어 머릿속에 저장했을 것이다.

남편들아 이와 같이 지식을 따라 너희 아내와 동거하고 그를 더 연약한 그릇이요 또 생명의 은혜를 함께 이어받을 자로 알아 귀히 여기라 이는 너희 기도가 막히지 아니하게 하려 함이라 **벧전 3:7**

부부관계에 대한 또 다른 말씀이다. "아내가 남편보다 더 연약하다"라고 하시는데, 여기에는 "남편도 연약하다"라는 주님의 말씀이 숨어 있다. 그리고 '연약하다'는 표현에서 죄악으로 인해 더럽고 부끄러운 우리를 하나님께서 얼마나 긍휼히 보시는지 알 수 있다. 배우자가 정말 보기 싫을 때도 있지만, 하나님께서는 부부가 서로를 '연약한 사람'과 '더 연약한 사람'으로 보기 원하신다. 나이 지긋한 부부가 서로를 바라보며 "마음이 짠하다"라고 말하는 것을 들으면 하나님의 마음과 꽤 가까워진 것이 아닌가 싶다.

또한 부부는 "생명의 은혜를 함께 이어받을 자로 알아 귀히 여기라"라고 말씀하신다. 연약한 사람이지만, 그 안에 하나님과 하나님의 생명이 있기에 귀하다고 하신다. 그러므로 부부는 서로를 세상의 눈이 아닌 하나님의 눈으로 바라보려는 노력이 필요하다. 배우자를 바라보면 미울 때도 있고 서운할 때도 있지만, 하나님께서 귀하다고 하신 그를 나도 귀하게 보기로 결단함으로써 귀한 아내와 남편이 탄생하는 것이다.

결국에는 이 모든 것이 "너희 기도가 막히지 아니하게 하려 함이라"라고 하신다. 부부는 서로를 연약하지만 귀한 존재로 봐야 하고, 그래야 가정의 기도가 막히지 않는다는 말씀이다. 그만큼 부부에게 기도가 막히지 않는 것이 중요하다. 부부로부터 시작되는 가정이 아니라 하나님으로부터 시작되는 가정이어야 하기 때문이다. 이 땅 위에 있는 가정이지만, 우리는 하나님의 생명의 은혜를 이어갈 가정이다. 그래서 하나님과 자녀 앞에서 기도가 막힐까 봐 배우자를 주님의 눈으로 보려고 노력하는 부부는 '순종의 사람들'이다. 부부가 싸웠다가도 기도할 때 영이 막힌 것처럼 답답하고 힘들어 배우자에게 사과하려고 하면, 하나님이 이미 상대의 마음을 만져놓으실 때가 많다. 그런 순종의 부부 곁에서 자라는 자녀들은 '아! 하나님이 가장 소중하구나' 하는 것을 목도하며 자라는 복을 누린다. 가장 좋은 영적 환경이요, 머릿속 사진첩이 두툼해지는 환경이다.

부부여, 들을지어다!

부모학교를 진행하다 보면 부모들의 간절한 마음이 느껴져 마음이 뭉클한 순간이 있다. 뒷자리에 앉은 수강생이 얼마나 집중해서 듣는지 그 분의 얼굴이 크게 보일 때도 있고, 강의를 듣다가 갑자기 눈시울이 붉어지는 분들을 볼 때도 그렇다. 매주 강의 중간에 조심스레 들어올 수밖에 없어도 어김없이 그 자리를 지키는 아빠 수강생들도 감동이다.

그에 비해 부부학교의 분위기는 사뭇 다르다. 부모들에 비해 절박함이 별로 없는 것 같고, 하나님의 말씀이 선포될 때도 영의 압박이 강하게 느껴지곤 한다. 게다가 현대인들의 '부부'에 대한 생각은 거의 반(反)성경적이다. 그리고 그러한 가치관은 크리스천 청년들을 빠르게 물들이고 있다. 물론 청년들이 사는 이 세상이 녹록지 않다는 것도 알고, 그들을 키워낸 부모 세대의 잘못은 더욱 크다. 그럼에도 다음 세대가 달려가는 길이 위험천만하고 걱정스럽다. 상담이나 코칭을 하다 보면 결혼은 하지 않고 동거만 하겠다는 세대, 결혼은 해도 혼인신고는 하지 않겠다는 세대, 부부의 안일을 위해 자녀를 낳지 않겠다는 이 시대 청년들을 만나게 된다.

그러나 주님의 말씀을 듣지 않는 이 '귀먹은 세대'에게 주님은 오늘도 "들을지어다!"라고 말씀하신다. 그리고 어딘가에 있을 '순종의 부부'를 애타게 부르신다. 우리 곁에서 자라는 다음 세대를 생각하라고 타는 심정으로 소리치신다. 현대인에게 순종이 가장 필요한 곳은 '가정'이요, 그중에서도 '부부'이다.

기적의
문 인사

부부 및 관계 치료 분야의 세계적 권위자 존 가트맨(John Gottman) 박사는 시애틀 애정문제연구소(love lab)를 통해 부부들의 대화나 행동을 카메라에 담아 분석하는 작업을 오랫동안 해오면서 구체적인 데이터를 축적했다. 40여 년간 3천 쌍 이상의 부부들을 관찰하고 면담하며 자료를 수집하고 관찰한 결과이다. 그중 놀라운 것은 부부 사이에 처음 3분간의 대화와 상호작용을 보면 96퍼센트의 확률로 다툼의 결과를 예측할 수 있다고 한다. 다시 말해, 부부가 만나서 첫 3분간의 대화가 그 이후의 시간을 좌우한다는 이야기이다.

'부부가 만나서 처음 나누는 대화'의 중요성은 알았지만, 근거가 될 만한 자료를 찾지 못했을 때 가트맨 박사의 구체적이고 신빙성 있는 데이터를 만나 반가웠다.

당신은 소중한 사람입니다

부부가 만나서 대화가 시작되는 곳은 보통 '문 앞'이다. 그래서 내가 중요하게 생각하는 것이 바로 '문(door) 인사'이다. 부부나 부모 자녀 사이에 잠시 떨어져 있다가 다시 만나는 곳이 문 앞 아닌가. 그 문 앞에서 귀가하는 가족을 어떻게 맞이하느냐가 가족관계의 많은 것을 좌우하리라 생각했다. 그래서 나부터 남편이 문을 열고 들어오는 소리가 들리면 달려가 반갑게 맞이하고, 하루의 노고를 알아주고 기쁨을 표현했다.

그런데 어느 날 생각해보니 어린 자녀들도 나를 따라 아빠를 환영하고 있는 것이 아닌가. 큰소리로 "아빠!"를 외치며 달려가 품에 안기려고 도움닫기를 하는 아이들. 남편은 피곤하지만 기분 좋은 얼굴로 가족 모두에게 뽀뽀를 하사했다. 그러고 나서야 소파에 앉아 계신 어머니에게 "다녀왔습니다"라고 인사할 수 있었다. 옆에서 그 모습을 다 지켜보시던 어머님은 "아침에 나갔다가 저녁에 들어오는 아비를 몇 년 만에 만나는 것처럼 난리구나"라고 하셨지만, 이내 흐뭇한 표정을 지으셨다.

환영하고 인사하는 행위 자체도 매우 중요하지만, 그 행동을 통해 전달하고 싶은 메시지인 "당신은 소중한 사람입니다"를 전하는 것이 더 중요하다. 그리고 가트맨 박사의 연구 결과처럼 열정적이고 반가운 '문 인사'를 마친 가족들은 그 이후의 시간에 갑자기 싸운다거나 부정적인 에너지를 분출하는 일이 거의 없다. 그들은 좀 전에 문 앞에서 받은 행복한 에너지를 계속해서 이어간다.

아버지의 당부

내가 '문 인사'의 중요성을 생각해낸 것은 친정아버지 덕분이다. 초등학생 때 아버지가 뭔가를 가르쳐주실 때 나오는 특유의 표정으로 이런 이야기를 하신 적이 있다.

"일본 여자들은 남편이 퇴근해서 집에 들어올 때면 미닫이문 앞에 무릎을 꿇고 엎드려서는 고개 숙여 인사를 하고 '오늘도 우리 가족을 위해 정말 수고가 많으셨어요'라고 하며 옷이나 가방을 들어준단다"(반세기 전 이야기임을 감안해서 들어주길 당부한다).

처음에 들을 때는 내 안에서 슬며시 반감이 올라왔다. 아버지는 다음 말씀을 이어가셨다.

"남편들이 온종일 일에 시달리고 사람 때문에 힘들었어도 아내의 인사와 따뜻한 말 한마디에 봄눈 녹듯이 사라졌겠지. '거지'가 되어 들어왔던 남편은 다음 날 아침에는 '임금'이 되어 가슴을 쫙 펴고 출근을 하게 되는 거야. 일본이 이렇게 강대국이 된 데는(그 당시 일본은 매우 부강했다) 일본 남자들 뒤에 일본 여인들의 저력이 있었던 거야. 날마다 남편을 사회로 힘차게 출근시키는 아내들이 진정한 일본 발전의 주역이라고 아버지는 생각한다. 인경이 꼭 기억하거라."

정말 신기한 것은 아주 어릴 때 들었던 아버지의 말씀을 내가 아직도 또렷이 기억하는 것이고, 결혼 후에 생각해보니 또 내가 아버지 말씀대로 살고 있었다는 것이다.

기본기가 중요하다

자녀의 자존감이 떨어져 있으면 부모는 아주 고통스럽다. 남들 앞에서 주눅이 들어 있고, 당당하지 못한 자녀를 곁에서 지켜보는 부모의 마음을 어떻게 형언할 수 있겠는가. 뭐라도 해줘야 할 것 같아서 자존감 향상 프로그램에도 보내보고, 좋다는 캠프에도 보내본다.

그러나 부모님들에게 누누이 말씀드리지만, 자녀의 마음은 부모와의 관계에서 성장한다. 자녀의 자존감에 도움이 될 만한 여러 환경이 있겠지만, 내가 아는 방법 중에서 가장 쉬운 것은 '문 인사'이다. 학교 가는 자녀를 문 앞에서 밝은 모습으로 배웅하며 안아주고 '잘 다녀오라'고 엘리베이터에 탈 때까지 손을 흔들어주고, 저녁이면 귀가하는 자녀를 맞으러 문 앞에 달려가 "공부하느라 얼마나 수고했니!"라며 어깨를 두드려주는 부모! 그런 부모로부터 비언어로 "너는 정말 소중한 사람이야"라는 메시지를 매일 두 번씩 듣는데 어찌 자녀의 자존감이 낮을 수 있겠는

가. 더 감사한 것은 그렇게 자란 아이들은 자신도 그렇게 문 앞에 나와 인사한다는 것이다.

나에게 상담을 받던 중년의 남성분이 들려준 이야기이다. 그분은 아침 일찍 출근해서 성실하게 근무하고, 직급도 높은 편이었다. 말쑥하게 차려입고 출근을 하지만 늘 아쉬운 것이 하나 있었다. 출근할 때 아내가 잠자리에서 일어나지 않는 것이었다. 그런데 거의 매일 아침, 엘리베이터가 아래층에 서면 그 집 아내가 남편을 배웅하다가 자신을 보고는 민망해서 들어가는 일이 자주 있었다고 한다. 시간이 갈수록 아랫집 남편과 자신이 비교가 되었다. 생각해보니 저녁에 귀가할 때도 딱히 아내의 반가운 마중을 받아본 적이 없더란다. 그 작은 섭섭함이 그 부부에게 큰 틈을 만들었다.

'문 인사'는 부모 자녀 간이든 부부간이든 우리 생각보다 큰 영향력이 있다. 문 인사가 가정에 정착되면서 헤어질 부부가 행복한 부부로 변화되기도 하고, 부모와 단절되었던 자녀가 관계를 회복하기도 한다. 세계적인 스포츠 선수들이 자신의 기량이 흔들린다 싶을 때는 무조건 기본으로 돌아가 기본기를 다지듯이 '문 인사'는 가정의 기본이요, 부모의 기본이요, 부부의 기본기이다.

문 인사할 때 주의할 점

'문 인사'의 놀라운 효과를 보려면 몇 가지 주의해야 할 점이 있다.

첫째, 진심으로 최선을 다해 상대방을 반가워하고 환영해야 한다. 가끔 귀찮을 때도 있겠지만, 지금 집에 들어오는 이도 지쳐서 귀가했거나 마음이 힘든 상태일 수 있으니 최선을 다해 반갑게 맞이하자.

둘째, 되도록 빠른 걸음으로 나가거나 달려가서 상대가 신발을 벗기 전에 문 앞에 도착하도록 하자. 내가 아는 어떤 분은 걸음이 느려서 배우자가 안방에 들어간 다음에야 인사를 한다고 한다. 그러면 서로 어색하기도 하고 효과도 미미하다.

셋째, 목소리와 표정에서 반가움과 고마움이 느껴지도록 한다.

넷째, 안 하던 걸 하려니까 쑥스러운 분들은 차라리 가족들에게 선포하라. 나는 이렇게 인사하기로 했으니까 나의 진심을 받아달라고 말이다.

끝으로, 아내가 귀가하는 상황이고 남편이 집에 있다면 남편 역시 넓은 품으로 아내를 기쁘게 맞아주기 바란다. 곁에 있던 자녀들이 행복 사진을 한 장 찰칵 찍으며 배울 수 있도록 말이다.

내 곁에
머물러주세요

어느 아빠와 어린 아들이 함께 낚시를 갔다. 그날따라 아빠는 낚시가 잘되지 않아 재미가 없었고, 서둘러 집에 가고 싶은 마음뿐이었다. 그런데 그 아들은 아빠와 처음 간 낚시터에서 아빠에게 낚시도 배우고, 같이 라면도 끓여 먹으면서 기분이 최고였다. 그날 아빠의 일기장에는 "오늘 정말 지루하고 힘든 하루였다"라고 쓰여 있었고, 아들의 일기장에는 "오늘 정말 최고의 날이었다"라고 쓰여 있었다.

이 이야기가 실제인지 확인할 길은 없지만, 부모들이 자녀와 함께 있는 시간을 어떻게 느끼며 보내는지, 그리고 자녀들이 부모와 오붓이 보내는 시간을 얼마나 좋아하는지 단적으로 보여주는 예이다.

함께하는 즐거운 시간

얼마 전 TV에서 반려견을 훈련하는 프로그램을 보았다. 그런데 그날 나온 반려견은 주인을 비롯한 모든 사람을 좋아하고 순종적인 데 반해, 다른 개들에게는 바짝 긴장해서 맹렬하게 짖기도 하고 얼마 전에는 다른 강아지를 물어서 죽였다고 했다. 그 이야기를 들은 훈련사는 보호자에게 계속해서 질문했다. 보호자는 그 반려견이 어렸을 때부터 애견카페에 매일 데려가서 놀게 했다고 말했다. 그런데 그것이 문제였다.

애견카페에 가면 다른 반려견들과 섞여 놀게 되는데, 이때 보호자들은 자신의 반려견뿐 아니라 다른 개들에게도 간식을 주고 쓰다듬거나 안아주게 된다고 한다. 그럴 때마다 그 반려견은 다른 개들이 신경 쓰이고 매우 예민해졌을 거라는 훈련사의 진단이었다. 반려견과 보호자 둘이서 산책하는 것은 반려견에게 매우 좋은 경험이 되지만, 편한 애견카페를 자주 이용하는 것은 반려견을 보호하는 행동이 될 수 없다고 말하는 것을 보았다. 반려견들도 보호자와 둘이서만 교감하는 시간을 절실하게 필요로 한다는 것을 알게 되었다.

나는 반려견 프로그램을 볼 때마다 '어쩌면 저렇게 인간의 자녀 양육과 닮은 점이 많을까?' 하고 놀란다. 요즘 부모들도 자녀와 일대일로 만나서 이야기하고 함께하는 시간을 힘들어하고 부담스러워 할 때가 많다. 그리고 자녀의 교육도, 놀이도, 치료도 가능하다면 식사까지 어딘가에 맡기려는 모습을 보게 된다. 그러나 부모가 나이 들어 자녀들이 절실히 필요할 때가 되면 그들도 부모 곁에 있는 것이 부담스럽고 힘들 것이다. 그뿐인가. 그 자녀가 커서 자신의 가정을 이루었을 때도 배우자나 자녀와 함께하는 즐거움을 알지 못해 어려움을 겪을 것이다. 물론 부모에게도 휴식이 필요하다. 그러나 자녀 곁에 머무는 순간순간은 부모의 우선순위에서 매우 중요한 자리를 차지해야 한다.

그렇다면 부모가 자녀 곁에 머무르는 시간을 어떻게 보내야 할까? 부모는 무엇보다 다른 어떤 목적(교육, 설득, 회유)도 세우지 말고, 자녀가 부모인 나와 함께 있는 시간을 행복해하고 행복 사진을 찍게 해줘야 한다(교육이나 설득을 절대 하지 말라는 의미는 아니다). 자녀와 함께 간 여행이라면 물고기가 잡히든 안 잡히든 내 곁에서 즐거워하는 자녀와 함께 아빠도 즐겁게 지내다 오라는 말이다.

자녀와 시간을 보낼 때 부모는 자녀가 어떤 것에 더 흥미를 느끼고 집중하는지 놓치지 말고 관찰해야 한다. 낚시 자체가 즐거운지, 물고기에 더 흥미가 있는지, 타고 가는 자동차에 관심이 많은지, 눈 맞추며 이야기하는 걸 더 좋아하는지 말이다. 그럴 때 그 시간은 자녀를 알아가는 시간이 되고, 자녀와 사귀는 시간이 된다. 물론 쉬운 일은 아니지만, 많은 돈을 들여서 타인에게 맡긴 교육과는 비교할 수가 없다. 자녀를 가장 사랑하는 것도 부모요, 자녀를 가장 잘 키울 수 있는 능력과 지혜도 부모에게 있기 때문이다.

자녀의 욕구와 관심에 집중하라

《그릿》(비즈니스북스)이라는 책이 출간과 동시에 대단한 반향을 일으켰다. 성공 심리학을 연구하던 저자 앤절라 더크워스는 수많은 연구 끝에 "성공은 타고난 재능보다 열정과 끈기에 달려 있다"라는 사실을 입증하고 밝혀냈다. 그 책은 길게 보면 타고난 재능, IQ, 환경보다 절대 포기하지 않는 끈질긴 태도인 '그릿'(Grit)이 더 중요하다고 강조한다. 그리고 끈질긴 열정이 있는 자녀로 키우기 위해서는 자녀의 욕구와 관심을 중요하게 여기고, 사랑과 안정감이 넘치는 부모와 주위의 지지가 필요하다고 역설한다.

우리는 자녀의 욕구와 관심을 얼마나 중요하게 여길까. 누구라도 자신이 원하는 것도 아니고, 관심도 가지 않는 것에 끈질긴 열정을 쏟아부을 수는 없다. 그러므로 자녀를 양육할 때 자녀의 욕구와 관심은 매우 중요하게 다뤄야 한다. 끈질긴 열정을 불러올 자녀의 욕구와 관심은 자녀 곁에 머물러 있는 부모의 눈에 보이게 되어 있다. 자녀 곁에 행복하게 머물러 있는 부모에게 주는 하늘의 선물이다. 반면에 부모의 욕구와 관심이 중요한 부모 눈에는 자녀가 바라는 것과 관심사가 도무지 보이지 않는다.

자녀가 어리거나 부모와의 관계가 좋을수록 자녀는 부모가 곁에 머물러 있는 것을 좋아한다. 얼마나 고마운 일인가! 나같이 부족한 부모에게 '내 곁에 머물러 있어달라'는 자녀가 있으니 말이다. 만약 내 아이가 부모인 나와 함께 있는 것을 싫어한다면 이미 부모의 역할을 잃어버린 건지도 모를 일이다. 부모는 자녀에게 식물이 필요로 하는 흙과 같다. 흙을 통해 영양분과 수분이 잘 공급될 때 식물이 태양을 향해 자라듯이 자녀는 '자신만의 관심'을 찾아간다고 그 책은 주장한다. 그 길은 반드시 성공을 보장받는 길은 아니지만, 성공 가능성이 매우 높은 길이다.

배려받은 아이가
남을 배려할 수 있다

오래전 부모학교의 수강생이었던 어느 어머니에게 느지막이 낳은 딸이 하나 있었다. 아이가 항상 유치원 버스를 타고 귀가하는데, 고민이 하나 생겼다고 했다. 버스 문이 활짝 열리면 딸아이가 엄마를 보고 환하게 웃다가도 "어서 내려와"라고 손짓을 하면 울음을 터뜨려 당혹스럽다는 이야기였다. 내가 그 어머니에게 왜 "어서 내려오라"라고 하는지 물어봐도 되겠냐고 했더니, 그 분의 대답은 이랬다. 그 유치원 버스에 원아들이 많이 타고 있고, 그 아이들을 한 명씩 다 데려다주려면 버스 기사 분이 마음도 급하고 힘드실 것 같아서 그랬다고 했다. 그래서 버스 문이 열리면 "엄마!"를 부르며 반가워하는 자녀에게 "얼른 내려와, 얼른!" 하며 재촉을 하게 되더라는 이야기였다.

아이는 아직 어려서 버스 계단 하나가 자신의 키 절반도 넘으니 내려다보면 까마득하고, 내려가려고 하는데 엄마가 독촉까지 하니 얼마나 떨리고 무서웠겠는가. 더군다나 그 반가운 엄마의 얼굴에 나를 만난 기쁨의 미소도 없으니 말이다. 나는 그 어머니에게 "누군가를 배려하고 싶고, 자녀에게 배려를 가르치고 싶다면 먼저 자녀를 배려해야 한다"라고 말씀드렸다. 자녀가 배려받지 못해서 배려의 기쁨도 모를 때 누군가를 배려하라고 하면, 그 아이는 '배려란 참 힘들고 기분 나쁜 거구나'라고 알게 될 것이다. 그러나 반대로 자녀를 배려해 아이가 "엄마!"라고 부를 때 환한 미소로 "그래, ○○가 왔구나" 하며 반갑게 맞이하고 손을 잡아 천천히 내리도록 도와준다면, 아이는 편안하게 버스에서 내릴 수 있을 것이다. 뿐만 아니라 엄마를 만나는 기쁨까지 더해져 하원길이 즐겁기 그지없을 것이다.

그렇게 2년 정도 더 자라서 키도 좀 크고 다리에 힘도 더 생겼을 때, 버스 기사 분이 얼마나 바쁘실지 이야기해주며 조금 빨리 내려올 수 있겠느냐고 묻는다면 자녀는 그동안 자신을 기다려준 엄마와 버스 기사님에게 고마움을 느낄 것이고, 자신도 버스 기사님을 위해 딴청부리지 않고 부지런히 내리고 싶은 마음이 생길 것이다. 물론 배려가 무엇이고 또 얼마나 좋은지도 몸으로 배웠을 것이다.

그 어머니는 그 후로 자녀를 배려하는 기쁨을 알게 되었고, 딸

아이도 우는 일 없이 버스에서 잘 내렸다고 한다. 귀여운 꼬마 아가씨는 매일 엄마의 미소와 배려로 인해 찰칵! 찰칵! 행복 사진을 찍었을 것이다.

자녀가 친구와 싸웠을 때

자녀를 키우다 보면 내 아이가 다른 집 아이와 싸우는 일을 종종 겪는다. 그 사건 현장에 부모가 있다면 그것도 참 난처하다. 내 아이를 먼저 챙기자니 상대편 아이가 마음 쓰이고, 상대 아이를 먼저 챙기고 내 아이를 나중에 챙기자니 자녀 마음에 상처가 될까 걱정이 된다. 나에게 상담을 받던 내담자 한 분도 어릴 적 그런 난처한 상황에서 어머니에게 큰 상처를 받고 힘들어했다. 이럴 때 부모가 어떻게 해야 지혜로운 걸까?

물론 남의 집 자녀를 함부로 여겨서는 안 된다. 그러나 친구와 싸우다가 엄마나 아빠가 곁에 있어서 달려갔는데, 내 부모가 친구를 먼저 챙겨준다면 자녀는 황당하고 무안하여 부모가 원망스러울 것이다. 아무리 상대편 아이가 걱정되어도 내 자녀 곁으로 먼저 가서 "괜찮아?"라고 말하며 눈을 맞춰줘야 한다. 그 시간이 오래 걸리면 친구가 가버릴 수도 있으니 내 자녀의 손을 붙잡고 얼른 친구쪽으로 가야 한다. 이번에는 싸운 친구에게 "괜찮니?"라고 묻고 가능하다면 그 아이와도 눈을 맞춰준다. 물론 그 이후에는 좀 더 숙련된 의사소통이 필요한데, 5장에서 구체적으로 안내하려고 한다.

여기에서 말하고 싶은 것은 무조건 내 자녀의 편만 들거나 부모가 더 화를 내고 흥분해서는 안 되겠지만, 내 자녀를 배려하여 먼저 말을 걸고 돌봐준 다음 재빨리 자녀의 친구도 챙겨야 한다는 말이다. 그리고 시간이 지나서 자녀의 마음이 안정된 다음에 "아까 엄마가 친구 마음도 알아줘서 속상하지는 않았니?"라고 묻는 것도 좋다. 자녀의 대답을 들은 후에 "엄마에게 네가 너무 소중하니까 네 친구도 그 엄마에게 소중할 것 같아서 그렇게 해주고 싶었어. 엄마는 우리 아들을 세상에서 제일 사랑해. 그래서 아까도 너한테 먼저 달려간 거야"라고 말해주자.

이 말을 들은 자녀는 엄마가 자신을 얼마나 사랑하는지 다시 한번 깨닫게 될 것이고, 친구도 자기 집에서 그렇게 소중한 존재라는 것과 나와 내 친구를 배려해준 부모가 자랑스럽게 느껴지고 부모를 닮고 싶어질 것이다.

자녀에게 가르쳐주고 싶은 좋은 것이 있다면 먼저 자녀에게 그 맛을 보여주고 경험시켜줘서 그것이 얼마나 좋은지 알게 해줘야 한다. 사랑도, 배려도 그 좋은 맛을 경험해보지 못한 채 남에게 기꺼이 줄 수 있는 사람은 아무도 없다.

부모의 생각보다
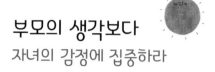
자녀의 감정에 집중하라

'감정의 홍수이론'은 평소에는 사람의 감정과 이성이 조화롭고 평온하게 각자의 위치에 잘 있지만, 그 사람에게 문제가 생겨서 마음이 힘들어지면 감정이 홍수 상태가 된다고 한다. 다시 말해, 감정이 순식간에 넘쳐서 이성을 덮치고 마비시키는 것이다. 그 상태가 되면 눈에 보이는 것도, 귀에 들리는 것도 없다. 그래서 평소 그 사람에게서 볼 수 없었던 '꼴 보기 싫은 짓'이 마구 튀어나오기도 한다. 그러다 극단까지 가면 어떤 일도 저지를 수 있는 상태가 바로 감정의 홍수 상태이다.

그런 감정의 홍수 상태를 잠재울 방법은 누군가 그 사람의 마음이나 감정을 알아주는 것이다. "당신 정말 힘들었나보네", "너 정말 억울했겠다" 등의 말이 마음(감정)을 알아주는 말이다. 물

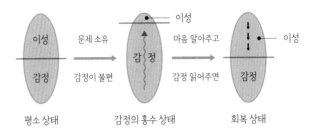

그림8 감정의 홍수이론

론 감정이 그런 말 한 번에 잦아들지는 않겠지만, 두 번 세 번 그 마음을 알아주고 읽어주다 보면 감정의 홍수 상태가 조금씩 가라앉게 되고, 이성은 원래의 자리를 찾아 작동하게 된다. 바로 그때 이성의 힘으로 '문제 해결책'을 생각해내기도 한다.

감정이 홍수 상태가 되면 이성이 제 역할을 할 수 없고, 감정이 평소 상태로 돌아가야 이성과 생각이 제대로 움직인다는 것은 감정의 역할과 관리가 얼마나 중요한가를 말해준다.

감정의 홍수를 막으라

감정의 역할과 관리가 이렇게 중요함에도 부모들은 자녀를 대할 때 대부분 '부모의 생각'으로 바라보고 이야기한다. '예쁘다', '밉다', '부지런하다', '게으르다', '단정하다', '지저분하다', '다소곳하다', '난폭하다' 등 부모의 생각으로 자녀를 바라보면 자녀를 저절로 판단하고 평가하는 말을 하게 된다. 그뿐만 아니라 부모 자신의 생각이 다른 사람의 생각과 완전히 다를 수도 있다는 생각을 거의 하지 않는다. 항상 자기 생각이 옳다고 여기고 그것을 기준으로 삼는다. '코치형 부모'에 대해 이야기할 때 언급한 것처럼 부모의 생각이 이 세상의 수많은 생각 중에 하나라고 생각한다면, 자연스레 자녀의 생각도 궁금해질 텐데 말이다.

또한 이렇게 부모의 생각으로 가득 차 있을 때는 부모의 눈에 '자녀의 감정'이 보이지 않는다. 그러나 부모는 자녀 감정을 돌보고 정서적 만족감을 느끼게 하고, 자녀의 감정이 자녀의 이성과 생각에까지 영향을 미친다는 것을 기억해야 한다. 감정의 중요성을 알고 자녀의 감정을 보살펴야 하는 부모가 "쟤는 원래 화를 잘 내요", "쟤 요즘 사춘기잖아"라며 자녀의 감정조차도 부모의 생각대로 단정 지을 때가 많다. 부모의 생각을 일방적으로 강요하거나 부모의 기준으로 자녀를 판단하는 것은 자녀를 감정의 홍수 상태에 더 깊이 빠뜨린다는 것을 기억하자.

마음을 알아주는 방법

이쯤에서 부모학교의 어느 어머니가 해온 과제를 소개해본다. 학교에서 시험을 보고 온 아들이 시험을 망쳤는지 풀이 죽어 있었다. 그 모습을 본 엄마는 속으로 '네가 신나게 놀 때부터 알아봤어. 그만큼 공부하고도 시험을 잘 볼 줄 알았니?'라는 말이 떠올랐지만, 부모의 생각보다 자녀의 감정에 집중해보기로 했다.

'저 아이의 감정은 어떨까?' 생각해보니 시험을 잘 보고 싶었는데 못 봤으니 속상할 것이고, 시험을 잘 봐서 엄마와 아빠를 기쁘게 해주고 싶어 하는 아들이니 그러지 못해 아쉬워할 것 같았다.

그런 부정적인 감정으로 가득 차 감정의 홍수 상태에 있는 아들에게 마음을 알아주는 말을 해보자고 마음먹었지만, 전혀 안 해보던 말이라 입이 떨어지지 않더란다. 그래서 그 어머니는 말 대신 포스트잇에 글로 써서 아들의 책상에 붙여놓았다.

"아들, 시험 잘 못 봐서 속상하지. 엄마랑 아빠를 기쁘게 해주고 싶었을 텐데 아쉽기도 하고…. 그런데 아들아, 엄마가 우리 아들 정말 사랑한다."

부모의 감정도 힘들 때가 있어서 자녀의 감정을 살피고 알아주기란 사실 쉽지 않다. 자녀의 감정을 돌보려면 그들의 말을 경청하고 자녀의 억양, 몸짓, 표정 등 비언어적인 단서도 잘 관찰하고 해독해야 한다. 부모에게 인내심도 필요하고 훈련도 필요하다. 그러나 하나님께서 보내주신 한 영혼, 나의 자녀를 돌보는 일은 분명 요리보다, 운전보다 중요하고 위대하다. 전문 요리사가 되려면 자격증이 필요하고, 운전에도 면허가 필요하다면 부모에게는 더더욱 '자격증'과 '면허'가 필요하다. 드디어 다음 장에서 배울 의사소통 기술을 통해 실제적인 '부모 면허' 공부를 시작해보자. 자신의 생각으로 가득 차 있는 부모가 아닌, 자녀의 감정을 살피는 부모 앞에서 자녀는 행복하다. 찰칵!

04 부모, 멈춤의 시간

부모들이여! 여기서 잠깐 멈춰갑시다.
생각해보고, 기록해보고, 나눠보기를 바랍니다.

1 배우자와 잘 사귀고 있다고 생각되는 점은 무엇인가? 배우자와 잘
사귀기 위해 내가 변화하고 싶은 부분은 무엇인가?

2 자녀 앞에서 배우자의 자리를 크게 만들어주자. 배우자의 자리를
크게 만들고 있다고 생각되는 부분은 무엇인가? 배우자의 자리를
크게 만들기 위해 어떤 노력을 하고 싶은가?

3 부부는 '서로를 귀하게 여겨 기도가 막히지 않게 하라'고 주님은
말씀하신다. 부부 사이에 기도 생활은 어떠한가. 부부의 기도가
막히지 않도록 내가 변화하고 싶은 부분은 무엇인가? 어떻게 변화
하고 싶은가?

4 자녀에게 "행복하다고 느낄 때가 언제인지 물어봐도 될까?" 또는 "기분이 좋을 때가 언제인지 물어봐도 돼?"라고 묻는다. 만약 자녀가 행복했던 순간에 부모가 없다면 "그래도 엄마(아빠)랑 하고 싶은 게 있다면 뭘까?"라고 물어보고 자녀가 엄마(아빠)와 함께하고 싶어 하는 것을 기꺼이 함께한다.

● 자녀의 행복 사진에 찍힐 귀한 기회이니 놓치지 말기를!

5 가정에서 '문 인사'를 어떻게 하고 있나? '문 인사'를 잘하고 있다고 생각되는 점은 무엇인가? 행복한 문 인사를 하기 위해 내가 변화하고 싶은 부분은 무엇인가?

CHAPTER 5

관계와 소통의
부모 면허

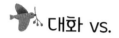# 대화 vs.
전문적인 의사소통 기술

말 한마디에 천 냥 빚을 갚고 말 한마디에 철천지원수가 된다는 말이 있다. 누군가와 관계가 좋아질 때 '말'을 통해 좋아졌다가 나빠질 때도 말로 인해 어긋난다. 우리는 사람과 말을 주고받으며 관계를 이어간다. 관계가 좋을 때는 그냥 '대화'를 하면 되지만, 그렇지 않을 때는 대화를 하려다가 오히려 오해를 불러일으킬 수 있다. 우리가 '전문적인 의사소통 기술'을 습득해야 하는 이유이다.

부모가 배워야 할 필수과목

큰아이가 사춘기에 접어들면서 아이와의 관계에 더 큰 어려움을 느꼈다. 부모로서 뭔가 중요한 것을 놓치고 있다는 생각이 스쳤다. 그 무렵, 우연히 토머스 고든(Thomas Gordon) 박사의 '효과적인 부모 역할 훈련'(Parent Effectiveness Training, PET)을 접하게 되었다. 부모 자녀 간의 의사소통법과 갈등 해결 기술을 안내하는 이 훈련은 나를 부모 역할의 신세계로 이끌었다. 매주 배우는 내용도 흥미로웠지만, 배우는 대로 집에 가서 곧바로 실천해보면서 그 효과에 놀라지 않을 수 없었다. 부모인 내가 변화하는 것은 물론 부모가 변하니까 자녀 또한 기다렸다는 듯이 변하기 시작했다.

나와 내 자녀가 변하고 행복을 느끼면서 PET를 다른 가정에도 소개해주고 싶다는 간절한 소망이 생겼다. 그리고 몇 년 후, 나는 한국심리상담연구소 소속 PET 강사가 되었다. 나에게는 주님이 찾아오신 사건 다음으로 내 인생과 다른 가정을 가장 많이 변화시키고 행복하게 만든 선택이었다. 그 후 많은 부모와 훈련하면서 가정의 리더인 부모에게 전문적이고 구체적인 의사소통 기술이 필요함을 확인했다.

PET 훈련을 통해 회복된 가정들의 기적 같은 이야기는 나와 내 주위에서 현재진행형이다. 자녀와 부딪칠 때마다 어떻게든 자녀를 고쳐보려던 부모들은 매주 세 시간씩 8주 강의를 통해 부모 자신부터 변화해야 한다는 사실을 절감한다. 그리고 부모의 관점(자녀를 보는 눈)과 언어가 바뀔 때 자녀들은 기꺼이 변화한다. 전문적이고 구체적인 의사소통 기술은 부모가 배워야 할 필수과목이자 부모가 취득해야 할 '첫 번째 부모 면허'이다.

PET의 깊은 영향력

PET의 창시자이자 미국의 심리학자 토머스 고든 박사는 시카고대학에서의 임상경험을 통해 아이들의 정서적인 문제는 정신의학적으로 다룰 사안이 아님을 알게 되었다. 아이들의 정서적 문제는 부모 자녀 간의 관계에서 나온 것으로 보아야 하며, 부모 자녀 간의 관계를 개선할 방법을 부모들에게 교육해야 한다고 생각했다.

많은 한국의 부모들이 자녀에게서 우울증 같은 정서적 문제를 발견했을 때 부모 자녀 간의 관계는 점검하지 않은 채 소아정신과로, 치료센터로 달려가는 것과는 매우 대조적이다. 물론 자녀에게 정서적인 문제가 생겼을 때 병원이나 치료센터에 가지 말라는 뜻은 아니다. 병원이나 치료센터에 가더라도 부모 자녀 간의 관계를 먼저 살펴봐야 한다는 뜻이다.

고든 박사가 아이가 아닌 부모를 교육해야 한다고 생각하게 된 이유는, 치료를 받고 가정으로 돌아간 아이들이 다시 상태가 나빠져서 오는 일이 많았다고 한다. 왜 그 일들이 반복될까 연구하던 고든 박사는 부모에게 힘이 있고, 부모들이 그 힘을 자녀에게 잘못 사용하기 때문이라는 결론을 얻었다. 그렇기에 그 상황을 다시 반전시킬 사람도 '힘을 가진 부모'라고 생각하게 된 것이다.

그렇게 1962년에 PET가 탄생했고, 1970년 백악관 회의에서 PET를 현대인의 가정 분열을 예방하는 방법으로 제안했다. 1975년 〈뉴욕타임스〉가 '거국적인 운동'이라고 명명한 것으로 볼 때 당시 PET의 파급력과 영향력은 대단했다.

그리고 나뿐만 아니라 내가 PET를 만나 변화되면서 가장 큰 혜택을 누린 큰딸도 얼마 전 PET 강사과정을 수료했다. 강의 현장에서 만나는 부모들을 통해 현대 가정의 문제가 얼마나 심각하고 그 가정이 회복되는 일이 하나님께서 얼마나 기뻐하시는 일인지 깨닫는다.

자녀와 좋은 관계를 맺을 때

부모 자녀 간에 좋은 관계를 잃는다는 것은 모든 것을 잃어버리는 것과 같다. 부모 자녀 간에 관계가 좋으면 해결되지 않은 문제가 있어도 앞으로 좋아질 기회가 있지만, 관계가 나쁘면 그 문제를 해결할 기회조차 없기 때문이다. 그러나 부모들이 문제 해결에만 집중한 채 자녀의 마음과 감정을 돌보는 데 실패하고 있다. 자녀의 대학입시와 진로에 집중한 나머지 마음을 돌보는 일을 등한시하다가 결국 마음의 힘이 약하디약한 자녀들을 만들어내고 있다. 앞에서 살펴본 것처럼 마음의 힘이 약한 자녀들은 열심히 공부했어도 사회생활이 버겁기만 하다. 그래서 부모에게는 가족 구성원과 좋은 관계를 형성하고 갈등을 풀어가는 능력이 필요하다.

하나님은 부모를 통해 자녀의 마음을 돌보기를 원하신다. 자녀의 마음을 알아주고 부모 자신의 마음을 잘 표현하는 소통기술로 훈련된 부모는 크고 작은 일로 자녀와 맞서는 일이 줄고, 자녀와 좋은 관계를 형성한다. 부모와 자녀의 좋은 관계를 통해 부모의 가치관이 자녀에게 전수되고 자녀의 자존감이 올라가는 것이다. 결국 부모와의 좋은 관계는 주님의 귀한 복음이 건너가는 다리가 된다.

한국심리상담연구소와 PET 강좌 소개

1989년 2월, 한국심리상담연구소의 김인자 소장님이 한국에 처음으로 PET를 도입했다. 토머스 고든이 속한 미 단체(Thomas Gordon's Effectiveness Training inc.)와 계약을 체결해 PET 보급에 앞장섰으며, KETI(Korea Effectiveness Training Institute)를 설립해 수많은 PET 강사를 배출했다.

PET는 정규 강좌와 소개 강좌가 있다. '정규 강좌'는 6~20명 정도의 수강생이 총 24시간(3시간씩 8주 또는 8시간씩 3회) 동안 강의를 들으며 훈련을 받는데, 시간이 빠듯할 만큼 내용이 방대한 편이다. 수업은 강의와 역할극(role play) 등으로 진행된다. 소통기술이 익숙해지려면 배운 것을 가정에서 최대한 실습해보는 것이 중요하다. 실습사례마다 강사의 구체적인 피드백을 받을 수 있다는 점에서 효과적이다. '소개 강좌'는 말 그대로 PET가 어떤 것인지 경험하고 소개하는 한두 시간 정도의 짧은 강좌이다.

잠깐,
지금 누구의 감정이 힘들지?

우리는 밖에서 이야기할 때와 달리 집에서 가족, 특히 자녀와 이야기할 때는 좀처럼 생각의 필터를 거치지 않고 편하게 말하게 된다. 바로 이 부분에서 가정 내 관계와 소통의 모든 어려움이 시작된다고 해도 과언이 아니다. 토머스 고든 박사는 자녀와의 모든 대화에 앞서 부모가 반드시 생각해봐야 할 것이 있다고 지적한다. 그것은 바로 '지금 누구의 감정이 힘들지?'이다. 부모와 자녀 중 누구의 감정이 힘든가에 따라서 부모가 들을 차례인지 말할 차례인지가 결정되기 때문이다.

문제 소유 가리기
부모가 자녀에게 말할 때 나와 자녀 중에서 누구의 감정이 힘든지 가려내는 것을 '문제 소유 가리기'라고 한다. 고든 박사의 '효과적인 부모 역할 훈련'(PET)에서 가장 중요한 개념이기도 하다. 여기에서 문제를 소유했다는 것은 그 사람의 욕구가 충족되지 않아 '감정이 힘든 상태'를 말한다. 예를 들어, 자녀가 학교에서 돌아오자마자 가방을 내동댕이치며 문을 쾅 닫고 자기 방에 들어간다면 그는 감정이 힘든 상태이고, 문제를 소유한 상황이다.

이때 부모가 '잠깐! 지금 누구의 감정이 힘들지? 누가 문제를 소유했지?' 하고 생각했을 때 만약 자녀의 감정이 힘들다면 부모는 자녀의 말을 들어줘야 한다. 아이에게 예방주사를 맞히려고 병원에 갔는데, 아이가 울음을 크게 터뜨리며 집에 가자고 부모 손을 잡아끈다면 자녀가 문제를 소유한 것이다. 그러므로 부모는 '들을 차례'이다.

반대로 부모의 감정이 힘들다면 자기 상태가 힘들다는 것을 자녀에게 알려야 한다. 만약 자녀가 거실에서 귤을 먹으면서 껍질을 수북하게 쌓아놓았다면 그것을 바라보는 부모는 문제를 소유한 것이다. 이때 부모는 '말할 차례'이다.

그런데 부모와 자녀 모두 감정이 편안하고 좋을 때가 있다. 그때를 PET에서는 '문제없는 영역'이라고 부르는데, 천금같이 귀한 시간이다. 이때 자녀와 일대일로 데이트도 하고 즐거운 대화를 저축하는 시간으로 보낸다면 자녀와 좋은 관계를 맺는 데 큰 도움이 될 것이다.

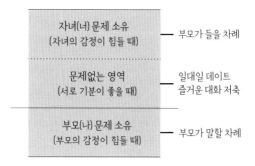

표3 문제 소유 가리기와 부모의 역할

자녀가 문제를 소유했을 때 그 마음을 잘 들어주는 것만큼 중요한 것은 없다. 그러나 문제없는 영역에서 자녀와 즐거운 추억을 많이 쌓는 것이 더 중요하게 작용할 수도 있다. 잊을 수 없는 한 번의 가족 여행이나 부모님 손을 꼭 잡고 두런두런 이야기하던 따뜻한 경험은 자녀에게 정서적 만족감과 관계에 대한 자신감을 심어줄 것이다.

부모와 자녀가 동시에 문제를 소유할 때

그렇다면 부모와 자녀가 동시에 문제를 소유하는 경우는 없을까? 사실 한국의 부모들은 자녀의 감정이 힘들 때 부모들도 동시에 문제를 소유할 때가 많다. 문을 쾅 닫고 방으로 들어간 아들을 보고 엄마의 감정도 힘들어진다면 엄마는 아들을 도와주기가 어렵다. 차분히 아들의 말을 들어주거나 안아주는 대신

도움도 안 되는 잔소리를 하다가 관계만 나빠질 것이 뻔하다.

그러므로 자녀가 문제를 소유해서 힘들어할 때마다 부모도 같이 속상하고 감정이 힘들어진다면 자녀와 거리를 두고 '옆집 아이 보듯이', '주민 한 사람을 보듯이' 보려고 노력해보자. "어! 옆집 애 왜 저러지? 속상한 일이 있나 보네", "저 사람은 오늘 무슨 일이 있었기에 저렇게 괴로워하나." 그렇게 중얼거려보라. 신기하게도 마음이 조금 편안해지는 것을 느낄 것이다. 그래도 힘들 때는 물리적으로 잠깐 떨어져 있는 것이 이롭다. 떨어져 있는 동안 부모는 운동을 하거나 시장을 다녀오는 등 몸을 움직이는 것이 좋다.

시간을 두고 열을 식히며 생각해보니 '아들이 먼저 문제를 소유해서 힘들었을 텐데…'라는 생각이 든다면 듣는 기술인 반영적 경청을 해주면 된다. "아까 우리 아들 속상한 마음을 몰라주고 엄마가 잔소리까지 해서 속상했지?"라고 말이다. 이것은 "아까 미안했어"라는 말과는 다른 말이다.

만약 열을 식히고 생각해봐도 부모인 나도 문제 소유를 해서 힘들다면 먼저 듣는 기술인 반영적 경청으로 자녀의 마음을 알아준 다음 말하는 기술인 '나 전달법'(I-message)을 사용하면 된다.

"아까 우리 아들 속상한 마음을 몰라주고 도리어 잔소리까지 해서 속상했지"(듣는 기술), "그런데 오늘이 엄마 생일인데 네가 화내면서 집에 들어오니까 엄마를 소중하게 생각하지 않는 것 같아서 서운했어"(말하는 기술)라고 말이다.

자녀가 문제를 소유했을 때 부모가 동시에 문제를 소유하지 않도록 역지사지, 즉 자녀 입장에서 생각하는 능력을 키우는 것이 바람직하다.

'잠깐'을 기억하자

자녀와 말하기 전에 누구의 감정이 힘든지 생각하는 것이 처음에는 익숙하지 않겠지만, 가정의 리더인 부모라면 문제 소유 가리기를 하고 나서 말하는 훈련이 되어 있어야 한다. 나도 PET를 처음 배울 때 문제 소유 가리기를 하는 습관이 몸에 배지 않아 애를 먹었다. 그래서 생각한 것이 '잠깐'(stop)이었다. 말하기 전에 나 자신에게 항상 "잠깐!"을 외쳤다.

그렇지 않으면 평소 말투가 화살처럼 빠르게 날아가 자녀나 배우자의 귀에 꽂히기 때문이다. 속으로 '잠깐!'을 외친 후, '지금 누구의 감정이 힘들지?'라고 자문자답하며 문제 소유 가리기를 습관화하려고 노력했다. 한동안은 집안 곳곳에 "잠깐! 지금 누가 힘들지?"라고 써놓은 문구를 매달아두고 틈틈이 보면서 상기하려고 노력했다. 독자들에게도 꼭 추천하는, 효과가 매우 좋은 방법이다.

"미안해"보다
"속상했지"라고 말하기

일반적으로 부모는 자녀가 문제를 소유했을 때 평소보다 많은 말을 하게 된다. 아이가 친구와 다투다 맞고 들어오기라도 하면 자녀의 마음이 힘들다는 것을 알면서도 부모는 "그것 봐. 내가 검도라도 배우라고 할 때 배웠으면 맞지는 않았을 거 아냐"라고 하는 등 하고 싶은 말이 많다. 그러나 자녀가 문제를 소유했을 때 부모는 자녀를 돕기 위해 자녀의 힘든 마음을 알아줘야 한다. 자녀의 감정이 힘들 때 부모는 들을 차례이다.

소극적 경청과 적극적 경청
자녀의 감정이 힘든 상태에서 부모가 사용할 수 있는 두 가지 듣는 기술이 있다. 그것은 바로 소극적 경청과 적극적 경청이다.

일단 힘든 자녀가 하는 말에 집중하고 중간중간 고개도 끄덕이고 "아~", "저런!", "정말?" 등의 추임새도 넣어주고, 자녀가 말을 못 하고 있으면 말문을 열어주는 열린 질문도 하면서 잘 들어줘야 한다. "무슨 일이 있었는지 듣고 싶네", "엄마한테 말해 줄 수 있겠어?" 등과 같이 열린 질문은 자녀가 존중받는다는 느낌과 함께 대답하고 싶은 마음이 들게 한다. 위에 열거된 집중하기, 인정하기, 말문 열기 등을 '소극적 경청'이라고 하는데, 모두 잘 듣기 위한 기본적인 노력이다. 그래서 나는 소극적 경청을 '기본적 경청'이라고 부른다. 경청의 기본자세이기 때문이다.

자녀들이 힘든 마음을 부모에게 이야기하려고 할 때 부모는 적어도 자녀의 눈을 바라보며 집중해줘야 한다. 눈도 마주치지 않고 다른 일을 하면서 "뭔데, 말해!"라는 식의 반응은 평소에는 물론이고, 자녀가 문제를 소유했을 때는 더더욱 해서는 안 된다.

반영적 경청이란?

또한 소극적 경청이 가진 한계를 극복하는 적극적 경청의 방법이 있는데, 이를 '반영적 경청'이라고 한다. 자녀의 감정이 힘들 때 자녀의 말을 듣고 그 감정을 추측해서 '네 마음이 이런가 보구나' 하고 전달하는 것을 말한다.

예를 들어, 어린 자녀가 "이 닦기 싫어요"라고 하면서 칭얼댄다면 자녀의 감정이 힘들고 자녀가 문제를 소유한 상태이다. 따라서 부모는 들을 차례이다. 이때 기본적 경청의 자세와 함께 자녀의 감정을 추측해서 전달해본다. "아, 이 닦기가 귀찮은가 보구나"라고 추측한 대로 자녀에게 말해주는 것이 바로 반영적 경청이다. 자녀는 "네, 귀찮아요!"라고 할 수도 있고 "아니요, 달콤한 내 치약이 없고 매운 치약밖에 없어서요"라고 할 수도 있다.

부모가 자녀의 감정을 정확하게 추측하면 좋겠지만, 그렇지 못해도 괜찮다. 자녀는 부모가 자신의 마음을 읽어주려는 것을 느끼고 부모에게 고마운 마음이 들기 때문이다. 되도록 "아, 네가 쓰는 달콤한 치약이 없어서 이 닦기가 싫구나"라는 식으로 한 번 더 반영적 경청을 하며 그 마음을 읽어주는 것이 좋다.

초등학교 3학년이 된 둘째가 학교에서 돌아왔을 때 내가 반영적 경청을 했던 예를 들어보겠다.

"엄마, 내 뒤에 ○○라는 애는 꼭 조폭 같아요."

평소 같으면 "그런 소리 하면 안 돼"라고 말했겠지만, 문제 소유 가리기를 해보니 아이가 문제를 소유했고, 나는 들을 차례였기에 정성껏 반영적 경청을 해보았다.

"학교에서 ○○랑 안 좋은 일이 있었나 보구나." ─ 반영적 경청1

"네, 제가 책을 떨어뜨려서 주우려다 실수로 걔 필통을 떨어뜨렸어요. 미안하다고 했는데, ○○가 '너, 죽고 싶어 환장했냐?'라고 하는 거예요."

"아이고, 실수로 필통을 떨어뜨려서 미안하다고 했는데, 너무 심한 말을 들어서 정은이가 정말 기분이 나빴겠다." – 반영적 경청2

"난 그런 소리 처음 들어봐요."

"그런 소리를 처음 들은 정은이는 ○○가 너를 괴롭히는 조폭같이 느껴졌나 보다." – 반영적 경청3

"네. 어떨 땐 착해 보이는데 어떨 땐 막 화를 내요."

"아, ○○가 착해 보일 때도 있고 화를 낼 때도 있구나." – 반영적 경청4

"네."

"○○에게 화나는 일이 많은가 보다." – 반영적 경청으로 자녀의 마음을 여러 번 읽어주고 알아줬더니, 자녀가 문제 소유한 상황에서 많이 벗어나게 되어 조심스레 엄마의 의견을 전달해보았다.

"그렇게 생각하니까 ○○가 안 됐어요."

아이의 얼굴에는 '그 친구를 어떻게 하면 도와줄 수 있을까', '내가 미워서 그런 건 아니구나' 하는 생각이 스치는 것 같았다.

"○○가 화 안 났을 때 친절하게 대해주고 전도도 할래요." – 스스로 문제 해결책 제시

자녀뿐만 아니라 사람은 누구나 문제를 소유했을 때 감정이 힘들다 보니 이상한 행동을 하게 된다. 그러므로 부모들이여, 기억하자! 자녀들이 미운 짓을 한다면 그 자녀는 부모를 힘들게 하는 아이가 아니라 문제를 소유한 힘든 아이라는 것을! 반영적

경청이 절실하게 필요한 상황이다.

그런데 대다수 부모들은 자녀가 문제를 소유했다는 것을 알아차리지 못한 채 그 마음을 알아주기보다는 "바르게 행동하라"라며 자녀를 훈계한다. 나 역시 친구를 조폭 같다고 말하는 아이에게 곧바로 훈계하고 싶었지만, 문제 소유 가리기부터 하고 보니 자녀가 문제를 소유한 상황이었고, 부모인 나는 반영적 경청을 해줘야 한다는 결론에 도달했다.

몇 번의 반영적 경청을 들은 아이는 마음이 편안해지고 문제 소유 상황에서 벗어나고 있었다. 자녀의 마음이 문제 소유 상황을 벗어나면 꼴 보기 싫은 짓을 안 하는 것은 물론이고 스스로 생각하는 힘이 생긴다. 그래서 스스로 문제를 해결할 해결책을 생각해낼 때가 많다. 이것이 반영적 경청이 주는 큰 유익이다. 자녀를 건강하고 자기 주도적이고 타인의 마음을 잘 헤아리는 리더의 자질을 갖춘 아이로 기르고 싶다면, 어려서부터 그 마음을 읽어주고 알아주는 반영적 경청으로 양육하기를 바란다.

한국심리상담연구소의 김인자 소장님이 이런 말씀을 하셨다.

"물을 쏟으면 다시 담을 수 없어요. 이미 쏜 화살도 되돌릴 수가 없지요. 그러나 우리가 잘못했던 말은 반영적 경청으로 다시 담을 수 있어요."

그렇다. 반영적 경청은 지나간 일에 대해서도 사용할 수 있다. "어제 엄마가 그렇게 말해서 미안했어"라고 말하기보다는

"어제 엄마가 그렇게 말해서 많이 속상했지?"라고 자녀의 마음을 알아주고 읽어주자. 어제 일로 기분이 좋지 않던 자녀가 부모에게 별 다섯 개를 주는 순간이다.

반영적 경청으로 다툼 해결하기

형제 또는 친구와 다툴 때도 그들은 엄마를 힘들게 하는 아이들이 아니라 감정이 상해서 힘든 아이들이다. 이때도 각자에게 반영적 경청을 해주는 것이 효과적이다. 부모가 다투는 아이들에게 다가가도 좋고, 오라고 해도 좋다. 먼저 "얘들아, 왜 다투는 건지 엄마에게 말해줄 수 있겠니?"라고 묻는다. 그러면 그중에 꼭 대답하는 아이가 있다.

동생: "엄마, 형이 내 로봇을 뺏어갔어."

엄마: "아이고, 형이 네 로봇을 뺏어가서 속상했겠네." – 반영적 경청

동생: "응"(자신의 마음을 알아줘서 좋을 때 내는 소리).

형: "그거 원래 내 거예요."

엄마: "아! 원래 네 거였어." – 반영적 경청

형: "네, 제가 골랐단 말이에요."

엄마: "아, 네가 골라서 산 거구나." – 반영적 경청

동생: "저번에 형이 같이 가지고 놀자고 했어요."

엄마: "형이 같이 가지고 놀자고 한 적이 있구나." – 반영적 경청

형: "그런데 쟤가 재미없다고 안 놀았어요."

엄마: "아, 동생이 재미없다고 안 놀아서 서운했겠네." — 반영적 경청

형: "네."

동생: "그런데 오늘은 그거 가지고 놀고 싶단 말이에요."

엄마: "아, 오늘은 그 로봇을 가지고 놀면 재미있을 것 같은가 보다." — 반영적 경청

동생: "네."

엄마: "얘들아, 그럼 오늘은 어떻게 하는 게 좋을까?" — 열린 질문

형: "로봇 가지고 동생이랑 같이 놀게요."

동생: "나도 로봇 가지고 형이랑 잘 놀래요."

이렇게 한 아이가 이야기할 때 진심으로 반영적 경청을 해주다 보면 엄마가 형에게 반영적 경청을 해줄 때는 옆에서 듣고 있던 동생이 형의 마음을 알게 된다. 반대로 동생에게 반영적 경청을 해줄 때는 엄마의 반영적 경청을 듣고 있던 형이 동생의 마음을 알게 된다. 부모가 자녀의 싸움을 중재하고 판정을 내리는 것이 아니라 진심으로 자녀의 마음을 읽어주는 과정에서 다투던 아이들이 서로의 마음을 이해하게 되는 것이다.

학교에서 아이들이 다툴 때도 효과적인 방법이라 교사들에게 사랑받는 기술이기도 하다. 집에서 형제들이 다툴 때도 반영적 경청은 매우 효과적이다. 다만 다투던 아이들끼리 계속해서 서

로 언쟁하도록 두지 말고, 부모에게 이야기하면서 풀어갈 수 있도록 일일이 반영적 경청을 해주는 것이 중요하다.

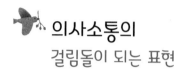

의사소통의
걸림돌이 되는 표현

자녀가 문제를 소유해서 힘들어할 때 부모들은 자녀를 도와주고 싶은 마음에 자꾸 조언하거나 가르쳐주려고 한다. 또는 어떻게 된 일인지 알고 싶어서 계속 질문하기도 한다. 그러나 앞에서 말한 대로 자녀가 문제를 소유해서 힘들어할 때는 부모가 말할 차례가 아니라 들을 차례이다. 힘들어하는 자녀를 도와주려고 하는 부모의 말이 도리어 자녀에게 걸림돌이 된다. 부모들도 마음이 힘들 때 누군가 내 마음도 모른 채 조언하면 듣기도 싫고 마음이 더 어렵지 않은가.

열네 가지 의사소통의 걸림돌

이제 의사소통의 걸림돌이 되는 표현 열네 가지를 살펴보려고 한다. 이를 닦기 싫어서 보채는 자녀에게 어떻게 반응하느냐에 따라 어떤 걸림돌이 되는지 보여주는 문장이다. 잘 읽어보고 나는 어떤 표현을 자주 사용하는지 생각해보자.

① 명령, 강요
"너, 자기 전에 이 꼭 닦아."

② 경고, 위협
"이 안 닦기만 해봐. 혼날 줄 알아", "이 안 닦으면 치과 가서 큰 주사 맞을 거야", "큰 벌레가 네 이를 다 갉아먹어도 돼?"

③ 훈계, 설교
"밥을 먹었으면 이를 닦아야지", "사탕을 먹었는데 이를 안 닦으면 어떻게 해."

④ 충고, 해결 방법 제시
"얼른 닦고 나면 개운할 거야", "엄마가 이 닦아줄게."

⑤ 논리적인 설득, 논쟁
"이렇게 이 안 닦으면 나중에 고생한다. 그때 가서 후회하지 말고!"

⑥ 비판, 비난

"이도 안 닦는 더러운 애가 너 말고 누가 있겠니?"

⑦ 칭찬, 찬성

"(그 근처에 있을 뿐인데) 우리 딸 이 닦으려고 화장실에 오는 거야? 아이고 예뻐라."

⑧ 욕설, 조롱

"이도 제대로 못 닦는 바보야!"

⑨ 분석, 진단

"이 닦기 싫어하는 걸 보니 피곤한 거네."

⑩ 동정, 위로

"힘을 내서 이를 닦아보자."

⑪ 캐묻기, 심문

"도대체 왜 그렇게 이 닦기를 싫어하니? 칫솔이 아프니? 아니면 치약 맛이 마음에 안 들어?"

⑫ 화제 바꾸기, 빈정거림, 후퇴

"이 닦지 말고 그냥 자. 나중에 어떻게 되나 보게."

⑬ 반대, 거부

"이 닦기 싫으면 저리 가", "…(아무 말도 하지 않은 채 외면한다)."

⑭ 비교

"옆집 ○○는 이만 잘 닦던데…."

각각의 걸림돌은 문제를 소유한 자녀에게 어떤 영향을 미치는지 살펴보자.

①'명령, 강요'와 ②'경고, 위협'은 기질이 강한 자녀에게는 반항심을, 기질이 약한 자녀에게는 두려움과 복종심을 갖게 한다. 이렇게 자란 자녀가 사회에 나갔을 때 누군가에게 반항심, 두려움, 무조건적 복종심을 가지고 살아간다고 상상해보라. 자녀에게 결코 주고 싶지 않은 영향력일 것이다.

③'훈계, 설교'는 명령과 경고보다는 부드러운 것 같지만, 긴 훈계를 듣는 것도 문제를 소유한 자녀에게는 매우 힘든 일이다.

④'충고, 해결 방법 제시'를 많이 듣는 자녀는 자신에게 해결 능력이 없다고 생각하기가 쉽다. 부모의 잦은 충고와 해결책 제시 대신에 반영적 경청이야말로 자녀에게 문제 해결력을 길러준다.

⑤'논리적인 설득, 논쟁'과 ⑨'분석, 진단'을 자주 겪은 자녀는 자신이 부모에게 늘 지고 있다고 생각해서 언젠가는 보복을 꿈꾸게 된다.

⑥'비난'과 ⑧'욕설, 조롱'은 부모와의 관계를 가장 크게 해치고, ⑦'칭찬'과 ⑩'동정, 위로'는 부모가 의도성을 가지고 있으면서 동시에 자녀 자신의 힘든 마음은 모르고 있다고 생각하게 만든다.

⑪'캐묻기'는 문제를 소유한 자녀에게는 심문이요 고문이 된다. ⑫'화제 바꾸기, 빈정거림, 후퇴', ⑬'반대, 거부', ⑭'비교' 등은 자녀가 거부당했다는 느낌을 받게 되어 힘든 마음에 더 큰 걸림돌이 된다.

경청 또 경청

의사소통의 걸림돌이 되는 열네 가지 표현을 언제 어디서나 절대로 쓰지 말라는 이야기가 아니다. 예를 들어, "밥 먹어"와 같은 명령어도 문제없는 영역에서는 얼마든지 쓸 수 있다(물론 비난, 욕설, 빈정거림, 거부, 비교는 문제없는 영역에서도 피하는 것이 좋다). 단, 자녀가 문제를 소유한 힘든 상황에서는 열네 가지 모두 걸림돌이 된다는 것을 꼭 기억하자.

무엇보다 자녀가 문제를 소유한 상황에서는 부모가 들어줄 차례라는 것을 기억해 기본적 경청과 반영적 경청을 해줘야 한다. 그래서 나는 PET 강의 때 자녀의 문제 소유 상황에서 부모는 들을 차례이니 "반영적 경청 외에는 다른 어떤 말도 하지 않는 것이 좋다는 것을 기억하라"라고 안내한다.

어느 PET 강의에서 의사소통에 걸림돌이 되는 표현에 대해 강의할 때였다. 아이를 임신한 수강생이 있었는데 강의 내내 눈물을 흘리고 있었다. 강의가 끝나고 조심스레 그녀에게 다가가 물었더니 예상치 못한 답이 돌아왔다.

"아직 태어나지 않은 아이는 배운 대로 기르면 되는데, 큰아이에게는 하면 안 되는 말만 하고 키웠으니 어떡해요. 마음이 너무 아파요!"

그렇다. 자녀가 힘들어할 때 우리는 서슴없이 말하는 습관부터 고쳐야 한다. "잠깐!"을 외치며 문제 소유 가리기부터 하자! 그리고 자녀가 문제를 소유했을 때 기본적 경청과 들어주는 말인 반영적 경청으로 자녀의 말을 듣고 또 들어주자. 그 후, 이 어머니는 자녀를 낳고 부모학교를 몇 차례나 수료할 정도로 노력하셨다. 그때마다 눈을 반짝이며 사명감을 가지고 훈련을 받으셨고, 마침내 세 자녀를 멋진 리더로 키워내셨다.

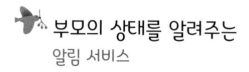

부모의 상태를 알려주는
알림 서비스

자녀의 어떤 행동 때문에 부모가 문제를 소유해서 감정이 상했다면 부모는 "너의 이런 행동으로 인해 내 마음이 이렇다"라고 자녀에게 말해야 한다. 이때는 부모가 '말할 차례'이다. 어떤 부모들은 자녀에게 어떻게 그런 말을 할 수 있느냐고 하지만, 꾹꾹 참다가 폭발하는 것보다 여러 면에서 탁월한 방법이다.

이것은 '나 전달법'(I-message)이라는 말하기 기술이다. 나 전달법은 세 가지 요소로 구성된다. 첫째, 자녀의 행동을 사진기로 찍듯이 비난 없이 구체적으로 서술한다. 둘째, 그 행동이 부모(나)에게 구체적으로 어떤 영향을 미치는지 파악한다. 셋째, 부모(나)의 감정이나 상태가 어떤지 전달한다.

예를 들어보자. 부모인 나는 오늘 여러 가지 일로 피곤한 상태이다. 그런데 다음과 같은 상황이 펼쳐졌다.

　① 옆방에서 자녀가 음악을 듣고 있다. ― 자녀의 행동을 비난 없이 서술

　② 나는 그 소리 때문에 쉴 수가 없어서 ― 부모(나)에게 미치는 구체적인 영향

　③ 힘든 상태이다. ― 부모(나)의 감정이나 상태

이것을 한 문장으로 만들면 다음과 같다.

"네가 음악을 듣고 있으니까(또는 "음악 소리가 들리니까")/ 엄마가 피곤한데 쉴 수가 없어서/ 힘이 드네."

　평소 같으면 감정을 실어 "야, 꺼!"라고 할 수도 있고, "엄마 힘든 거 안 보이니?"라고 말할 수도 있지만, 그런 표현은 모두 나 전달법이 아닌 '너 전달법'(You-message)이다. 대부분의 부모들은 자신이 문제를 소유했을 때 자녀에게 너 전달법을 사용하게 되는데, 이때 자녀들은 비난받는 느낌을 받는다. 부모가 문제를 소유했을 때 '나 전달법'으로 말해야 하는 이유이다.

나 전달법의 활용

　내가 PET 강사과정을 밟을 때 일이다. 집안일을 마치고 내일까지 제출해야 하는 과제를 평소처럼 거실에서 하고 있었다. 그런데 큰딸이 뒤쪽에서 TV를 시청했다. 처음에는 괜찮았는데 내 귀에 TV 소리가 점점 거슬리기 시작했다. 생각해보니 내가 문제

를 소유한 상황이었고, 부모인 내가 말할 차례였다. 그래서 배운 대로 나 전달법을 사용해 큰딸에게 이야기해보았다.

"예은아, TV 소리가 들리니까/ 엄마가 내일까지 과제를 해가야 하는데 집중이 안 돼서/ 마음이 초조해."

내 말을 들은 딸이 금세 대답이라도 하든가 아니면 TV를 시청하는 행동을 바꿔주리라 기대했지만, 아이는 계속 TV를 보았다. 처음에는 괘씸한 마음도 들었지만, '나 전달'은 자녀를 변화시키려고 하는 게 아니라 부모가 문제를 소유했음을 알려주는 것임을 기억하며 과제에 집중하려고 노력했다.

그런데 5분쯤 지났을까. 큰아이가 TV를 끄더니 주위에 흩어져 있는 내 책을 정리해주었다. 그뿐만 아니라 바깥 창문과 현관의 문단속까지 해주고는 "엄마, 안녕히 주무세요"라고 인사를 하고 들어갔다. 그날은 과제 때문에 내 코가 석 자라 더 묻지는 못했지만, 다음날 딸에게 말했다.

"어제 네가 TV도 꺼주고 책 정리에 문단속까지 해줘서 엄마가 과제를 잘 마칠 수 있었어. 정말 고마워."

그러자 이런 대답이 돌아왔다.

"엄마가 한 말이 다른 때보다 기분 좋게 들렸고, 엄마를 도와주고 싶었어요. 그런데 보던 TV 프로그램이 너무 재미있어서 꼭 보고 싶은 부분만 더 보고 껐어요."

무엇보다 아이 스스로 생각하고 행동한 것이 기특했다.

이렇듯 나 전달법은 자녀의 행동을 바꾸는 것이 목표가 아니라 부모의 문제 소유 상태를 자녀에게 알리는 데 있다. 이때 자녀가 자신의 행동을 바꿀지 말지는 온전히 자녀의 몫이다. 그래서 나는 나 전달법을 '알림 서비스'라고 부르기도 한다. 부모가 자녀에게 도움이 필요하다는 것을 알려서 자녀 스스로 행동을 바꾸도록 알려주는 서비스인 것이다.

듣는 기술인 반영적 경청에 비해 말하는 기술인 나 전달법은 세 가지 구성요소를 갖춰야 해서 복잡하게 느껴진다. 숙달될 때까지 나 전달법을 연습하고 나서 말하거나 종이에 써서 그대로 전달하는 것도 좋은 방법이다.

있는 그대로 전달하기

그리고 나 전달법을 사용할 때 기억해야 할 것이 있다. 자녀의 행동이 부모에게 미치는 구체적인 영향을 찾는 일이 쉽지는 않지만, 반드시 '부모에게 미치는 영향'을 찾아야 한다는 것이다. 부모에게 미치는 영향이 아닌, 자녀에게 미치는 영향으로 나 전달을 하게 되면 자녀의 행동에 변화가 일어나기 어렵다.

예를 들어, 자녀가 TV를 보는데 엄마와 약속한 거리보다 훨씬 더 가까운 곳에서 보고 있다고 하자. 부모는 문제를 소유하게 되었고, 나 전달법을 사용하려는 상황이다.

이때 "네가 약속한 자리보다 더 가까운 곳에서 TV를 보면/

너를 데리고 눈 검사하랴 안경 맞추랴 시간과 돈이 들까 봐/ 걱정돼"라고 말하면 좋은 나 전달이 될 것이다. 그러나 "네가 약속한 자리보다 더 가까운 곳에서 TV를 보면/ 네 눈이 나빠질까 봐/ 걱정이 돼"라고 '자녀의 영향'으로 말을 하면 "나 안경 써보고 싶었어요"라고 대답하면서 행동의 변화가 일어나지 않을 확률이 높다는 말이다.

나 전달법을 강의할 때마다 도전과 깨달음이 있다. 나 전달법의 첫 번째 구성요소는 자녀의 행동을 사진기로 찍듯이 비난 없이 구체적으로 서술하는 것이라고 했다. 이를테면 "너는 왜 이렇게 늦게 다니니?"라고 표현하던 것을 "9시가 넘어서 집에 왔네"라고 바꿔 표현하라는 말이다. 시계는 사진을 찍을 수 있지만, '늦게 다닌다'는 표현은 구체적이지도 않고 부모의 평가와 판단과 비난이 느껴진다.

부모가 자녀의 행동 때문에 문제를 소유해서 힘든 상황일지라도 자녀의 행동을 마구잡이로 표현하는 것이 아니라 비난이 느껴지지 않고, 구체적으로, 사진기로 찍듯이 표현하려고 노력해야 한다. 부모는 자녀의 행동을 있는 그대로 바라봐야 한다. 그 눈길은 다름 아닌 자녀를 살리는 눈길이다.

일대일 데이트와
즐거운 대화를 저축하라

문제 소유 가리기를 했을 때 자녀나 부모 그 어느 쪽도 문제를 소유하지 않은, 부모와 자녀 모두의 감정이 편안한 상태를 '문제 없는 영역'이라고 말했다. 부모와 자녀 모두 문제없는 영역에 있을 때 편안함과 행복감을 느낀다. 궁극적으로 PET의 목표는 부모 자녀 관계에서 문제없는 영역을 확장해가는 것이다.

그렇다면 이 귀중한 시간을 어떻게 보내야 할까? 자녀와 부모가 문제를 소유하지 않은 편안한 상태가 되면 부모들은 자녀와 함께 있으려고 하기보다 친구나 모임 또는 취미생활을 즐기고 싶은 마음이 든다. 물론 그런 부모의 욕구도 채워야 하지만, 문제없는 영역에서만 할 수 있는 자녀와의 좋은 경험을 놓치지 말아야 한다. 바로 자녀와의 일대일 데이트와 즐거운 대화의 저축이다.

앞에서도 여러 번 강조했지만, 자녀와 부모의 감정이 모두 편안할 때 즐겁고 행복한 둘만의 시간을 갖는 것은 무엇과도 견줄 수 없이 중요하다. 자녀와의 짧은 시간에서도 '데이트'라는 개념이 있을 때 자녀의 머릿속 행복 사진첩이 두툼해진다. 장을 보러 시장에 가도, 옷 한 벌을 사러 가도, 운동하러 공원에 가도 둘만의 데이트가 되도록 노력해보자.

또한 문제없는 영역에서는 일대일 데이트를 하든 가족끼리 데이트를 하든, 집에 있든 외출을 하든 간에 즐거운 대화를 잘 저축해야 한다. 이때 즐거운 대화를 비축해놓으면 부모와의 즐거움과 신뢰가 문제 영역에서 도움이 되고 훌륭한 자원이 된다.

감사의 나 전달법

즐거운 대화를 저축하는 데 큰 도움이 되는 나 전달법이 있다. '긍정적 나 전달법'이란 문제없는 영역에서 사용하는 '감사의 나 전달법'이다. 긍정적 나 전달법의 구성요소는 나 전달법의 구성요소와 같다.

① 우리 딸이 설거지해주니까 – 자녀의 행동을 정확히 서술

② 엄마가 일찍 잘 수 있어서 – 나(부모)에게 미치는 구체적 영향

③ 고맙고 행복하다. – 나(부모)의 감정이나 상태

"우리 딸이 설거지해주니까/ 엄마가 일찍 잘 수 있어서/ 고맙고 행복해."

사람들은 긍정적 나 전달법을 사용하는 대신 칭찬을 많이 한다. 그러나 칭찬은 칭찬하는 사람의 평가("잘했어", "착하다" 등)가 들어 있고, 수직적이며, 너 전달법이고, 칭찬으로 상대방을 통제하려는 의도가 있을 수 있다.

긍정적 나 전달법은 상대방에 대한 평가 없이 "너의 행동이 나에게 이런 영향을 미쳐서 고맙다"라고 말하는 것이다. 그래서 긍정적 나 전달법은 '감사의 나 전달'이라는 별명을 가지고 있다. 내가 붙인 별명은 'PET의 꽃'이다. 그만큼 긍정적 나 전달의 영향력은 대단하다. 긍정적 나 전달법을 잘 활용하는 부모와 배우자는 상대를 의도 없이 행복하게 해준다. 반영적 경청과 긍정적 나 전달법만 잘 사용해도 좋은 부모로서 기본기를 갖추었다고 할 수 있다.

긍정적 나 전달법은 자녀에게는 물론이고 부부 사이에도 사용하면 좋다. 내가 체구가 작고 힘이 약하다 보니 남편은 "이불은 당신이 털면 안 된다"라는 말을 자주 했다. 악착같이 털다가 이불과 같이 떨어질 것을 걱정하는 남편에게 어찌 긍정적 나 전달을 아끼겠는가.

"당신이 무거운 이불을 털어 주니까/ 나를 아껴주는 것 같아서/ 고맙고 행복해요"라고 하면 남편은 "그렇게 말해줘서 고마워"라고 답하곤 했다. 어느 날 생각해보니 남편의 감사 위에 나의 감사를, 남편은 나의 감사 위에 다시 남편의 감사를 쌓으며 살아왔다는 생각이 들었다. 마치 어릴 때 엄마가 집에서 시루떡을 쪄 주실 때 쌀가루 한 켜, 팥 한 켜를 차곡차곡 쌓아서 맛있는 떡을 만들어주셨던 것처럼 말이다. 그것은 '원망의 시루떡'이 아닌 '감사의 시루떡'이다!

화해의 편지 쓰기

감사를 표현하는 방법 중에 감사를 담은 편지 쓰기가 있다. 그중에서도 3장에서 부모에게 써보자고 했던 '화해의 편지 쓰기'는 부모 또는 부부나 자녀 그 외 누구에게라도 큰 위로와 감동을 준다. 편지를 쓸 때 자신의 감정을 솔직하게 드러내면서도 상대방의 마음이 상하지 않도록 반영적 경청과 나 전달을 잘 사용해야 한다. 화해의 편지는 너무 길지 않고 간략하게 진심을 담는 것이 중요하다.

① 화해의 편지 쓰기는 항상 반영적 경청으로 시작한다. 부모님에게 편지를 쓸 때 자녀가 부모님의 마음을 충분히 알아드리면 감동이 된다.

"아버지, 제가 자라면서 따뜻한 말 한마디 건네지 않아서 많이 서운하셨죠? 최선을 다해 살아오신 아버지 덕분에 제가 이만큼 자랐는데… 저 때문에 그동안 마음고생 많으셨어요."

② 나 전달법을 꼭 쓰고 싶다면 사용해도 좋다. 단, 부모님이 나를 힘들게 한 행동을 너무 자세하게 서술하지는 않는 것이 좋다. 기분이 상할 수도 있고, 연세가 있으셔서 자신의 잘못을 직면하기가 어려울 수 있기 때문이다.

"지금 생각하면 아버지가 어머니를 좀 더 아끼고 사랑해주시기를 바랐던 것 같아요. 어머니가 슬플 때면 제 마음도 슬펐거든요. 그래서 더 아버지에게 까칠하게 대했나 봐요."

③ 마지막은 긍정적 나 전달로 마치는 것이 바람직하다.

"하지만 저희 형제들을 포기하지 않으시고 끝까지 길러주셔서 감사해요. 제가 부모가 되어보니 그것 하나만으로도 저희를 얼마나 사랑하셨고 애쓰셨는지 알 것 같아요. 감사해요, 아버지."

'반영적 경청-나 전달-긍정적 나 전달'의 순서로 써 내려간 화해의 편지를 부모님에게 전할 때는 작은 선물과 함께 드리면 효과적이다. 그러나 여러 사정으로 부모님에게 전달하기 어려운 상황일 수 있다. 하지만 이런 편지를 한번 써보는 것만으로도 내면에 많은 치유가 일어난다. 완성된 편지를 한번 읽어보자.

"아버지, 제가 자라면서 따뜻한 말 한마디 건네지 않아서 많이 서운하셨죠? 최선을 다해 살아오신 아버지 덕분에 제가 이만큼 자랐는데… 저 때문에 그동안 마음고생 많으셨어요.

지금 생각하면 아버지가 어머니를 좀 더 아끼고 사랑해주시기를 바랐던 것 같아요. 어머니가 슬플 때면 제 마음도 슬펐거든요. 그래서 더 아버지에게 까칠하게 대했나 봐요.

하지만 저희 형제들을 포기하지 않으시고 끝까지 길러주셔서 감사해요. 제가 부모가 되어보니 그것 하나만으로도 저희를 얼마나 사랑하셨고 애쓰셨는지 알 것 같아요. 감사해요, 아버지."

욕구 대립과
가치관 대립에 대처하는 기술

부모가 자녀의 행동으로 문제를 소유하게 되었을 때 나 전달법을 사용하면 효과적이다. 여기서 '효과적'이라는 말은 "관계가 나빠지지 않으면서 부모가 문제를 소유했음을 알게 하고, 자녀가 부모를 위해 좋은 행동을 선택하게 되는 것"을 말한다. 그런데 나 전달법을 사용해도 효과적이지 않은 경우가 있다. 욕구와 가치관이 대립할 때는 나 전달법을 사용하더라도 자녀가 부모를 위해 좋은 행동을 선택하지 않는다. 그렇다면 구체적으로 욕구 대립과 가치관 대립은 어떤 의미일까.

무엇이 문제일까?

아침마다 중학생 딸을 깨우기가 너무 어려워 거의 매일 문제를 소유하는 부모가 딸에게 나 전달법을 사용해보았다.

"○○야, 너를 여러 번 깨우다 보면/ 엄마의 출근 준비가 늦어져서/ 엄마 마음이 불안해져."

이 말을 들은 딸은 자기를 깨우느라 엄마의 출근 준비가 늦어지는 것은 알지만, 좀 더 자고 싶은 욕구가 너무 강해서 일어날 수가 없다. 바로 이 경우가 '욕구 대립'이다. 부모의 구체적인 영향은 인정하지만, 나를 깨우고 얼른 출근 준비를 하고 싶은 부모의 욕구만큼이나 좀 더 자고 싶은 나의 욕구가 커서 두 욕구가 부딪치는 것이다.

이와 달리 가치관 대립은 부모의 구체적인 영향을 인정하지 않는다. 여기 귀걸이를 하고 다니는 10대 남학생이 있다. 학생의 부모는 그 모습이 매우 거슬린다.

"남자아이가 귀걸이를 하고 다니면/ 자식 잘못 길렀다고 사람들이 수군댈까 봐/ 엄마는 신경이 쓰여."

그 말을 들은 아들은 "엄마, 요즘 귀걸이 했다고 자식 잘못 길렀다고 할 사람이 어디 있어요. 그런 생각을 하는 엄마가 이상한 거야"라고 대답한다. '자식 잘못 길렀다고 사람들이 수군댈까 봐'라는 엄마의 구체적 영향을 인정하지 않는 것이다. 이것이 바로 '가치관 대립'이다.

여기서 꼭 기억할 것이 있다. 욕구 대립은 타협의 여지와 해결책이 있지만, 가치관 대립은 타협의 여지가 없어서 둘 중 한 사람이 양보해야 한다. 이 사실을 몰라서 가치관 대립으로 부모와 자녀의 관계가 어려워지는 것을 본다. 그러나 욕구 대립은 부모 자녀 간에 전혀 다른 욕구로 부딪치지만, 서로에게 좋은 해결책을 찾을 수 있다.

제3의 방법을 찾아서

욕구 대립은 '제3의 방법'으로 해결할 수 있다. 제1의 방법처럼 부모가 권위주의적이지도 않고, 제2의 방법처럼 부모가 지나치게 허용적이지도 않은, 부모와 자녀가 '너도 좋고 나도 좋은 해결책'을 함께 찾아보는 것이 제3의 방법이다. 제3의 방법은 각자 '원하는 것'이 무엇인지를 확실히 하는 것이 중요하다. 또한 서로 자유롭게 해결책을 내놓을 때, 상대의 해결책에 대해 비난하거나 따지거나 평가하지 않는 것이 중요하다.

다음은 제3의 방법으로 욕구 대립을 해결한 PET 수강생의 사례이다.

엄마는 중학생 딸을 깨우고 얼른 출근해야 하는 상황인데, 딸은 깨워도 20분 이상 일어나지 못한다. 매일 일어나는 상황에 문제를 소유한 엄마는 딸에게 나 전달을 해본다.

"○○야, 20분 동안 깨워도 일어나지를 못하니까, 엄마는 출근이 늦어질까 봐, 너무 조마조마해"라고 하자 "엄마, 나 신경 쓰지 말고 출근하세요"라는 대답이 돌아온다. 전형적인 욕구 대립이다. 그날 저녁 한가한 시간에 딸을 불러 말했다.

"요즘 많이 피곤하지. 아침에 일어나기도 힘들고. 그런데 엄마도 매일 아침 너를 깨우는 일이 너무 조마조마하고 힘들어. 엄마가 너도 좋고 나도 좋은 해결 방법을 배워왔는데, 우리 한 번 해볼까?"

흔쾌히 좋다는 딸과 함께 각자 '원하는 것'을 이야기해보니 엄마는 딸이 5분 안에 잠자리에서 일어나는 것, 딸은 엄마가 이름만 부르지 말고 다른 방법으로 깨워주기를 바랐다. 서로가 원하는 것을 알았으니 해결책을 이야기해보기로 했다. 얼굴을 물수건으로 닦아주기, 등과 다리를 마사지해주면 5분 만에 일어나기, 알람 소리를 들으면 5분 안에 일어나기, 5분 안에 안 일어나면 엄마는 그냥 출근하기, 5분 안에 안 일어나면 저녁 설거지하기 등의 해결책이 나왔다.

그중에서 엄마도 좋고 딸도 좋은 해결책은 바로 '등과 다리를 마사지해주면 5분 만에 일어나기'였다. 그 후로 그 엄마는 매일 아침 딸의 등과 다리를 마사지해주고 기도도 하면서 딸을 깨웠고, 딸은 힘들어하면서도 아침마다 잘 일어나게 되었다. 물론 5분을 넘기는 날도 있었지만, 자신이 내놓은 해결책이기에 책임감을 가지고 일어나려는 모습을 보였다. 제3의 방법은 아무도 지는 사람이 없는(win-win) 갈등 해결 방법이다.

가치관 대립에 대처하는 법

이번에는 가치관 대립에 대해서 살펴보자. 관계가 좋아지려면 상대방의 권리를 인정해야 한다. 특히 힘이 있는 사람일수록 상대방의 권리를 인정해야 상대와 좋은 관계를 맺을 수 있다. 부모와 자녀 간에도 마찬가지다. 부모가 자녀의 권리를 인정해줄 때 서로 좋은 관계를 맺을 수 있다.

가치관이란 자기 삶의 질을 높여준다고 믿는 것들이다. 자기가 옳다고 여기는 생각이요, 신념이요, 생활방식이다. 그러니 가치관은 서로 다를 수밖에 없다. 그것부터 인정해야 한다. 다른 것은 결코 '틀린 것'이 아니다. 부모와 자녀는 세대도 전혀 다르기에 같은 가치관을 갖는다는 것 자체가 어렵다. 이러한 가치관 대립은 자녀가 부모의 구체적인 영향을 인정하지 않기에 타협의 여지가 없다. 부모나 자녀 둘 중에서 한쪽이 상대방의 가치관을 받아들여야 한다. 한쪽이 양보해야만 해결될 수 있는 문제이다.

반영적 경청, 나 전달, 긍정적 나 전달, 제3의 방법 등은 배워서 익히고 사용하면 당장 그 효과를 볼 수 있다. 그러나 '가치관 대립에 대처하는 기술'만은 부모의 오랜 모범, 좋은 가치관, 그리고 자녀와의 좋은 관계가 필요하다. 그럴 때 자녀는 부모를 닮고 싶은 모델로 여기면서 자신의 가치관을 양보한다. 또한 부모가 평소에 유익한 강의와 서적을 통해 부모로서의 전문성을 갖추고 있을 때 자녀들은 부모를 '의논 상대'로 삼는다. 부모를 의논 상대로 대하는 것 역시 부모의 가치관을 좋게 보고, 그 지혜의 한 조각을 얻기 위해 자녀가 자신의 가치관을 양보하는 것이다. 이때도 자녀와의 좋은 관계는 필수적이다.

부모도 자신의 가치관을 양보함으로써 자녀와의 가치관 대립을 끝낼 수 있다. 고든 박사는 자녀가 좋아하는 것이 무엇인지 물어보고 배워보기를 제안한다. 자녀의 가치관에 대해 개방된 마음으로 학습해보라는 말이다. 자녀와의 좋은 관계에서 얻는 만족과 비교하면 아주 작은 양보이기 때문이다.

PET를 배우던 어느 어머니의 이야기이다. 어린 딸의 책가방에서 화장품을 발견했고, 그동안 초등학생 딸이 화장을 하고 다녔다는 것과 집에 돌아오기 전에 화장을 지우고 들어왔다는 것도 알게 되었다. 어머니는 자신의 초등학생 시절을 생각해보니 도무지 딸을 이해할 수가 없었다. 어머니는 어린 딸에게 모질게 말했고, 딸은 집을 나가고 말았다. 금방 돌아오려니 생각했지만, 딸은 일주일이 지나도 돌아오지 않았다. 어머니에게 그 일주일은 1년처럼 길고 고통스러웠다.

다행히 친구들에게 수소문해서 딸이 있는 곳을 알게 되었고, 그날 어머니는 딸을 만나러 가기 전에 딸에게 줄 화장품을 사고 예쁘게 포장해서 들고 갔다고 한다. 화장품을 들고 딸을 만나러 가는 엄마의 마음은 어땠을까. 그 화장품을 건네받은 딸의 마음은 또 어땠을까. 가치관 대립이 스르르 풀리는 시간이었을 것이다. 화장하는 어린 자녀를 불량하게만 보던 엄마의 가치관을 내려놓고 자녀를 위해 자녀 세대의 가치관을 받아들이기로 한 것이다.

부모 자녀 간의 대립과 갈등은 고통스럽고 해결하기가 힘들지만, 절대 해결 불가능한 것은 아니다. 부모가 자녀를 사랑하고 전문적인 의사소통 기술을 습득했다면 말이다.

05 부모, 멈춤의 시간

부모들이여! 여기서 잠깐 멈춰갑시다.
생각해보고, 기록해보고, 나눠보기를 바랍니다.

1 모든 대화를 하기 전에 문제 소유 가리기를 해야 한다. 속으로 '잠깐!'을 외치고 말하기 전에 '누구의 감정이 힘들지?'라고 자문자답하며 문제 소유 가리기를 하는 습관을 길러보자.

2 자녀의 감정이 힘들 때 부모는 들을 차례이다. 자녀에게 반영적 경청을 한 예를 기록해보자.

3 자녀가 힘들 때 부모의 조언은 의사소통의 걸림돌이 된다. 내가 자주 쓰는 표현은 열네 가지 중에 어떤 것이며, 자녀에게 어떤 영향력을 미치는지 찾아보고, 되도록 사용하지 않도록 노력한다.

4 부모의 감정이 힘들 때 부모는 말할 차례이다. 자녀에게 알림 서비스인 나 전달법을 사용해서 할 이야기를 기록해보자. 나 전달의 3요소를 잘 갖추었는지 점검하고, 특히 구체적 영향에 주의한다.

● 처음에는 종이에 쓰면서 연습해서 말하거나 메모지에 써서 전달해보자.

5 서로 감정이 편안한 상태인 문제없는 영역에서 자녀와 배우자에게 긍정적 나 전달법을 사용해 휴대폰 메시지를 보내보자.

CHAPTER 6

말씀 묵상의
부모 면허

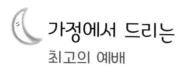

가정에서 드리는
최고의 예배

자녀 문제, 특히 청소년 문제가 엄청나게 다양하고 심각해지고 있다. 스마트폰 중독과 게임 중독뿐만 아니라 청소년 도박 중독이 거론되는 실정이다. 벌써 그 폐해가 아이들 가운데 일파만파 번지고 있다. 코로나19로 인해 집에서 온라인 수업을 하느라 PC와 스마트폰에 오랜 시간 노출되면서 접근이 더 수월해진 영향도 있을 것이다.

놀이 개념의 게임과는 다르게 도박 중독은 '돈을 딸 수 있다'는 확실한 결과 때문에 더 쉽게 빠져든다. 처음에는 자기 용돈 정도로 시작했다가 점차 친구에게 돈을 빌리고 사금융까지 손을 대기도 한다. 중고 물품 판매 사이트에 물건을 팔아 자금을 마련하는 것은 물론, 도박에 걸 돈을 마련하기 위해 상상할 수 없는 행동들을 하게 된다. 이렇게 도박 중독에 빠져든 청소년 중에서 위험군의 수가 14만여 명에 이른다(2018년 기준). 실제로는 더 많을 것이고, 그 수가 더 증가했을 것이다. 도박 중독에 빠져든 청소년들은 학업에 어려움을 겪는 것은 물론이고, 범법적이며, 친구들의 신뢰를 잃고 사회적으로 고립되어 극단적인 선택을 하기도 쉽다고 한다. 이들이 도박을 시작하는 동기는 대부분 선후배나 친구들의 영향이다. 그 가운데 우리 자녀들이 있다.

위험에 노출된 자녀를 구하라

자녀들이 휴대폰을 더는 통신 기기로만 쓸 수 없는 시대가 되었다. 그러나 휴대폰이 자녀의 '사회적 관계의 첫걸음'이 되게 해서는 안 된다는 것이 전문가들의 중론이다. 자녀가 사회와의 소통을 휴대폰으로 시작하지 않도록 어려서부터 부모와의 소통을 견고히 하라고 당부한다. 부모와 소통이 약하고 행복 지수가 낮은 아이들이 미디어를 매개로 한 사회와의 소통에 더욱 끌리기 때문이다.

부모는 자녀가 어릴 때 정서적 관계를 돈독히 해야 한다. 가정에서 재미있는 놀이를 하며 행복한 시간을 보내고 자연의 아름다움을 느끼는 자녀로 자랄 수 있도록 마음을 쏟아야 한다. 특별히 자녀가 부모와 재미있는 놀이에 푹 빠져들 때마다 생기는 호기심과 열정과 몰입은 나중에 학습을 시작할 때 꼭 필요한 토대가 된다. 부모와 정서적 관계를 쌓는 것은 자녀라는 귀한 나무를 키우기 위한 기초 작업이다. 부모는 이 기초 작업에 드는 시간과 정성을 절대 아까워하지 말아야 한다.

또한 자녀가 공부를 시작하면 하나님의 자녀를 위탁받은 부모로서 자녀 양육의 우선순위를 지켜야 한다. 대한민국의 부모들은 아이들의 살인적인 경쟁을 당연하게 여기며 그 대열에서 뒤처지지 말라고 채찍질한다. 작고한 미래학자 앨빈 토플러가 2007년에 한국을 방문했을 때 "한국의 학생들은 하루 15시간 동안 학교와 학원에서 미래에 필요하지 않은 지식과 존재하지 않을 직업을 위해 매일 시간을 낭비하고 있다"라고 따끔하게 지적한 바 있다.

하나님 앞에서 우선순위가 사라져버린 자녀들의 시간표를 보노라면 매일 공부하는 데 할애하는 15시간이 너무나 안타깝고 아깝다. 그 시간에 예배와 말씀과 기도로 하나님과 교제하고, 좋아하는 운동을 하거나 친구들과 놀 수 있는 몇 시간이라도 허용해준다면 청소년들은 살아나고 사회는 건강해질 것이다.

부모는 이 소중한 시간을 따로 떼어 자녀들에게 말씀과 기도를 가르쳐야 한다. 우리 집 아이들이 아직 어릴 때였다. 어느 날 옆집 아이가 학교를 다녀와서 숨돌릴 틈도 없이 입에 간식 하나를 물고는 가방을 바꿔 메고 어디론가 뛰어가는 것을 보았다. 내가 "아무개야, 어디 가니?"라고 물으니 "학원 가요"라고 하면서 헐레벌떡 뛰어갔다. '저렇게 자라면 아이는 금방 지쳐서 나중에 공부하기 힘들 텐데…. 교회에도 다니던데 말씀과 기도는 언제 배울 수 있을까?' 등 옆집 아이를 보면서 생각이 많아진 순간이었다.

자녀에게 말씀과 기도를 가르치려면 하나님께 우선순위를 두고 시간표를 짜야 한다. 어린 자녀들과 함께 말씀을 묵상하고 나누며 기도할 시간이 필요하다. 부모와 자녀들이 함께 보낼 즐거운 시간도 필요하다. 그러기 위해서 공교육인 학교 교육을 최대한 잘 소화할 수 있도록 도와줘야 한다.

말씀의 은혜를 실천하는 가정

요한복음 6장에서 예수님이 오병이어의 기적을 일으키시자 많은 이들이 '떡을 먹고 배부른 까닭에' 주님을 따른다(요 6:26). 그러나 주님께서 "살리는 것은 영이니 육은 무익하니라 내가 너희에게 이른 말은 영이요 생명이라"(요 6:63)라고 말씀하시자 "그때부터 그의 제자 중에서 많은 사람이 떠나가고 다시 그와 함께 다니지 아니하더라"(요 6:66)라고 말씀하고 있다.

부모들도 자녀에게 성공을 안겨주고 떡을 배부르게 먹이실 주님을 찾는다. 하지만 영이요 생명이신 하나님의 말씀을 자녀에게 가르치고 어려서부터 하나님과 만나 교제하는 것을 훈련해야 한다고 하면 많은 부모가 떠나간다. 나중에 대학에 들어가서 배워도 늦지 않다면서…. 그러나 정말 그럴까? 어려서부터 하나님의 말씀에 막혀 있고 세상 가치관으로 살아온 아이가 대학에 가서 새삼 하나님과 그 말씀이 그리워진다면 그것이 바로 기적이다. 물론 기적은 일어나지만, 그리 자주 있는 일은 아니다.

우리 교회 성가대 지휘자였던 한 형제가 생각난다. 유학까지 다녀와서 교회 지휘자로 섬기고 있었는데, 꽤 먼 거리에서도 새벽기도와 금요기도회를 빠짐없이 참석했다. 청년의 때에 뜨겁게 기도하는 모습이 참으로 귀해 보였다. 어떻게 그렇게 기도를 하느냐고 물으니 다 어머님께 배운 거라고 했다. 어머님이 기도하실 때마다 어린 아들을 데리고 다니신 것이다. 예배드리는 부모, 기도하는 부모, 말씀 묵상하는 부모 곁에서 그 모습을 보고 자라는 것이야말로 최고의 신앙 유산이다. 더 나아가 자녀에게 말씀을 묵상하는 방법을 안내해주고 주신 말씀의 은혜를 가족이 함께 나누는 시간을 가진다면 그 가정은 교회이다. 코로나 시대에 꼭 회복해야 할 가정의 모습이다.

말씀 묵상을 나누는 가정예배를 실천하는 부모들은 말씀 묵상의 은혜를 나눌 때 부모들보다 자녀들의 묵상 내용이 훨씬 더 은혜롭다고 입을 모은다. 자녀들의 순수한 마음에 말씀이 담기고 성령께서 역사하시면 상상할 수 없는 강력한 은혜가 임하기 때문이다. 우리 가정에서도 경험하는 일이다. 이제 가정예배가

지루하지 않고 가족 모두 가정예배를 기다리게 되었다. 자신이 받은 말씀의 은혜를 가족에게 나눠주고 또 듣고 싶기 때문이다. 이로써 가족이 드리는 최고의 예배가 된다.

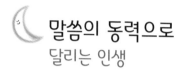

말씀의 동력으로
달리는 인생

하나님께서는 인간을 '하나님의 말씀을 듣고 응답하는 존재'로 창조하셨다. 우리는 하나님의 말씀인 성경을 통해 그분의 음성을 듣고 주님의 뜻을 깨닫는다. 그리고 순종의 삶과 기도로 하나님께 응답한다. 우리는 하나님의 말씀을 통해 그분과 생명의 교제를 나누는 것이다. 이것은 인간만이 누리는 큰 영광이자 특권이다.

말씀의 기관차

여기 '말씀의 기관차'가 있다. 이 열차 그림을 통해 우리의 인생 열차는 무엇으로 견인해야 하는지 생각해보자.

그림9 말씀의 기관차

열차는 맨 앞에 있는 기관차의 동력으로 뒤쪽에 연결된 객차나 화물차를 끌고 간다. 그래서 믿는 자의 삶은 오직 '하나님의 말씀'이 이끌어야 한다. 내 '감정'이 기쁘든 우울하든, 내 '생각'이 하나님의 뜻과 같든 다르든, '상황'이 좋든 나쁘든 말씀이 나를 이끌어가야 한다. 그것이 말씀에 대한 참 순종이다.

내 감정과 생각이 앞설 때

그러나 막상 감정이 끓어 화가 나면 하나님의 말씀이 아닌 '나의 감정'이 기관차가 되고 만다. 화로 물든 내 감정은 맨 앞 기관차 자리를 차지하고, 하나님의 말씀은 저 뒤 객차로 보내버린다. 하나님이 니느웨 백성을 구원하신 것이 싫다고 성을 냈던 요나를 생각해보라.

하나님이 요나에게 이르시되 네가 이 박넝쿨로 말미암아 성내는 것이 어찌 옳으냐 하시니 그가 대답하되 내가 성내어 죽기까지 할지라도 옳으니이다 하니라 **욘 4:9**

요나는 하나님이 꾸짖고 질책하셔서도 자기 생각을 굽히지 않고 감정도 누그러뜨리지 않았다. 이때 우리는 하나님의 말씀이 나에게 역사할 아무런 기회를 드리지 않는다. 하나님의 말씀과 '내 생각'이 달라도 말씀에 순종해야 하는데, 어느새 내 생각이 기관차가 되어 달릴 때가 있다. 하나님의 말씀을 가벼이 여기며 저 뒤에서 끌려오게 내버려둔다. 부모들이 자녀를 기를 때 하나님의 말씀이 아닌 부모의 생각대로 결정해서 키우는 것이야말로 내 생각이 기관차가 되어 달리는 순간이다.

어디 그뿐인가. 상황이 힘들어지거나 꼬일 때도 우리는 말씀의 기관차가 아닌, 상황의 기관차로 바꾸어 달린다. "내 상황이 이런데 어쩌란 말이야!"라고 소리치며 말씀과 상관없이 달리는 자신을 합리화한다.

말씀을 깊이 묵상하라

물론 연약한 인간은 누구나 자신의 감정이나 생각 또는 상황에 흔들릴 수 있다. 그러나 나의 약점을 호시탐탐 노리는 사탄이 있음을 기억해야 한다. 상황이 힘들 때마다 상황의 기관차로 바꾸어 달리는 사람이 있다면, 그것이 약점이 되어 사탄에게 빌미를 주고 말 것이다. '이 사람은 상황을 흔들어놓으면 꼼짝 못해'라는 정보를 사탄에게 제공하고 나면, 그 사람은 상황의 시험거리가 끊이지 않을 것이다. 그러면 자주 말씀에 불순종하게 되고, 하나님의 말씀을 힘입어 승리하기가 어려워진다. 사탄이 기뻐하는 순간이요, 하나님께서 심히 슬퍼하시는 순간임을 잊지 말자.

내 감정이나 생각이나 상황이 어떠하든지 말씀의 기관차를 타고 말씀이 이끄시는 대로 달리다 보면 말씀이 살아서 내 인생에 역사하시고 정리해주신다. 물론 끊임없는 인내와 믿음이 필요하다. 그러나 힘들 때마다 기관차가 바뀐다면 일은 더욱 꼬이고 해결하기가 어려워질 것이다. 내 인생 열차가 말씀의 기관차로 달릴 수 있도록 노력하고 훈련하라. 그것이 승리의 비결이다. 매일 말씀을 깊이 묵상할 때 말씀의 기관차를 타고 달리는 인생이 된다.

부모를 위한
말씀 묵상법

부모에게 꼭 필요한 '관계와 소통의 면허' 외에 크리스천 부모라면 반드시 취득해야 할 또 하나의 면허는 '말씀 묵상의 면허'이다. 이 또한 하나님과의 소통에 관한 면허이다. 부모는 지속적인 말씀 묵상을 통해 하나님을 만나고, 하나님의 마음을 알아가야 한다. 그로 인해 인격의 변화는 물론이요, 기도의 힘을 체험하게 된다.

이미 말씀 묵상을 하고 있는 부모도 많을 것이다. 나도 처음 신앙을 갖고 나서 신앙 선배들이 가르쳐주는 여러 방법으로 말씀을 꾸준히 묵상한 지 어느덧 40년이 되었다. 여기에 소개하는 묵상 방법에는 두 가지 특징이 있다.

첫째, 본문을 묵상하고 기록할 때 '하나님은 ~하신 분이다',

'하나님은 ~하기를 원하시는 분이다', '~라고 말씀하신다'라는 문장구조를 사용하는 것이다. 대수롭지 않게 보이는 이 문장구조는 놀라우리만큼 하나님과 하나님이 원하시는 것을 발견하게 하고, 오늘 나에게 주시는 말씀을 명확하게 하는 힘이 있다.

둘째, 짧은 '제목'을 만들어 그 제목으로 그날 말씀을 기억하는 것이다. 우리가 짧은 시간 동안 하는 말씀 묵상은 바쁜 일상에서 잊히기가 쉽다. 그날 말씀을 묵상하고 나서 은혜받은 내용의 핵심을 제목으로 만들어보는 것은, 말씀을 종일 기억할 수 있는 탁월한 방법이다.

말씀을 되새김질하라

말씀 묵상이란 성경의 저자이신 성령께서 기록된 말씀을 살아 있는 말씀으로 변화시켜 나의 내면 깊은 곳에 새기도록 순종하는 마음으로 말씀을 받아들이는 것이다. 다시 말해, 지정의(知情意) 전 영역에 말씀을 받아들이는 것이다. 말씀을 생각하고 기억하며(지성), 말씀을 온 마음으로 기뻐하고 감사하며 뉘우치고(감정), 말씀대로 살아가고자 노력하는 것(의지)을 말한다. '지정의' 깊은 곳에 하나님의 말씀을 새긴 부모는, 하나님이 거하시는 지성소이다.

한번은 신혼 초에 사골국을 끓였다가 화들짝 놀란 적이 있다. 그저 뼈만 끓였을 뿐이고 소는 풀만 먹는다는데… 웬 기름이 그리도 많이 생기는지! 사골국에 뜬 기름을 보고 뭔가 잘못된 줄 알고 깜짝 놀랐다.

소가 풀만 먹고도 힘이 세고 기름이 풍성한 것은 소의 '되새김 질' 때문이다. 이렇게 되새김질을 함으로써 모든 영양분이 잘 흡수되어 살이 되고 힘이 되고 기름이 되는 것이다.

우리가 말씀을 묵상하는 것도 소가 되새김질하는 것과 같다. 말씀을 한번 읽는 것과 달리 말씀 묵상은 말씀을 깊이 생각하고 되짚어 기억하며 그 말씀으로 기도하는 것까지 포함한다. 그렇게 하다 보면 우리 안에 역사하시는 성령의 능력이 더욱 강해지고, 말씀의 생명력도 점점 더 풍성해진다.

누구든지 내게 들으며 날마다 내 문 곁에서 기다리며 문설주 옆에서 기다리는 자는 복이 있나니 잠 8:34

이 짧은 성경 구절에서 하나님의 간절한 마음이 느껴진다. 우리가 날마다 하나님의 말씀을 듣고 하나님을 바라며 기다리기를 얼마나 원하시는지 모른다. 그런 자에게 복과 은총이 있음을 가르쳐주고 싶어 하신다.

현대로 갈수록 사람들 안에 신(神)을 향한 허기진 마음도, 영원을 사모하는 마음도, 진리를 알고 싶은 열망도 사라져가고 있다. 그뿐인가. 십자가 사랑을 깊이 묵상하며 하나님 만나기를 갈망하고 그 뜻을 알아 하나님의 소원대로 살아드리기를 원하는 성도들도 희귀하다.

오직 나의 기도에 응답하시는 하나님, 하나님을 믿음으로써 잘되고 복 받는 삶에 우리의 온 마음이 향해 있다. 그러나 우리는 하나님과 생명의 교제를 해야만 살 수 있는 존재이다. 교회에 다닌다고 해서 다가 아니다. 하나님의 말씀을 기다리고, 들으며, 간직하고, 삶으로 응답해야 한다. 그때 우리는 하나님을 만나고, 알게 되고, 변화되어 친밀한 관계를 맺게 된다. 나를 부르신 사명도 그 관계 속에서 성취해야 한다.

부모가 말씀을 묵상하는 방법

부모가 해야 할 말씀 묵상의 구체적인 방법을 살펴보자. 준비할 것이 있다면, 가장 조용하고 일정한 장소와 시간을 확보하는 것이다. 성경과 노트와 필기도구를 준비하고 한 문단 정도의 말씀을 묵상한다. 따로 묵상하는 큐티 교재가 있다면 활용해도 좋다. 단, 큐티책에 누군가 묵상해놓은 내용이 예시로 나와 있다면 그것부터 읽지 말고 말씀 묵상이 끝난 다음에 읽어보는 것이 좋다.

1. 기도

성경은 성령의 책이요, 하나님의 말씀을 가르치시는 것은 성령의 주된 사역 중 하나이다. 그러므로 말씀을 묵상할 때 성령님을 의지해 기도하는 것부터 시작해야 한다. 나의 죄, 염려와 두려움, 분주한 마음을 내어놓고 동시에 성령이 가르쳐주시기를 간구한다.

2. 본문 내용 파악하며 읽기

본문을 두세 번 정도 읽으며 관찰한다. 육하원칙(누가, 언제, 어디서, 무엇을, 어떻게, 왜)을 생각하며 읽어봐도 좋고, 반복되는 단어가 있는지 살펴보거나 동사 위주로 살펴봐도 좋다. 본문 전후에 어떤 말씀이 있는지 그 맥락도 살펴본다(창세기를 묵상하기로 했다면 말씀 묵상을 하기 전에 창세기를 한번 통독하면 좋다).

3. 하나님은 어떤 분인지, 오늘 나에게 주시는 말씀을 찾아 기록하기

• 하나님은 어떤 분인가?
   ⇨ 하나님은 ~하신 분이다. 하나님은 ~하기를 원하시는 분이다.

• 오늘 나에게 주시는 말씀은 무엇인가?
   ⇨ ~라고 말씀하신다.

이런 형식으로 본문에서 어떻게 말씀하시는지 찾아 기록해보

자. 간단히 로마서 1장 16절 한 절 말씀으로 예를 들어보겠다.

- 본문 말씀

  "내가 복음을 부끄러워하지 아니하노니 이 복음은 모든 믿는 자에게 구원을 주시는 하나님의 능력이 됨이라 먼저는 유대인에게요 그리고 헬라인에게로다"(롬 1:16).

- 하나님은 어떤 분인가?

  하나님은 모든 믿는 자에게 구원을 주시는 분이다. (또는) 하나님은 모든 믿는 자가 구원 얻기를 원하시는 분이다.

- 오늘 나에게 주시는 말씀은 무엇인가?

  복음은 구원을 주시는 하나님의 능력이라고 말씀하신다. 그리고 복음을 부끄러워하지 말라고 하신다.

- 제목

  "복음, 구원의 능력" (또는) "복음을 부끄러워하지 말라!"

4. 한 호흡으로 짧게 '제목' 정하기

제목을 정하는 이유는 오늘 주신 말씀을 기억하기 위해서이다. 말씀을 묵상하는 주된 목적은 그 말씀을 기억하여 마음 판에 새기기 위함이다. 그런데 바쁜 일상에서 매일 주시는 말씀의 은혜를 순간순간 기억하기가 쉽지 않다. 그래서 한 호흡으로 짧게 제목을 정해서 식사 기도를 할 때나 설거지할 때나 자기 전에 기도할 때 등 언제 어디서나 그 제목을 기억함으로써 주신 말씀을 기억하고자 하는 것이다. 서랍을 열 때 손잡이가 있으면 열기가 편하듯이 짧은 제목으로 오늘 묵상한 말씀의 은혜를 수시로 꺼내서 기억하려는 것이다.

5. 주신 말씀을 기억하며 기도하기

주신 말씀으로 인해 생각나는 찬양을 한 곡 부르거나 그 찬양을 들으며 기도를 시작한다. 무조건 매일 간구하던 기도제목을 똑같이 아뢰지 말고, 오늘 주신 말씀의 은혜를 기억하며 기도한다. 말씀과 상관없이 오직 간구만 하다 보면 때로는 나의 간구를 주님께서 들어주실지 확신이 없어지고 기도가 미약해질 때가 있다. 하지만 말씀을 묵상하고 나서 그 말씀을 기억하며 성령님을 의지하여 기도하면 큰 힘이 따라붙는 것을 경험한다. 하나님의 뜻대로 구하는 기도의 능력이다.

6. 종일 기억하며 말씀을 품는다

처음에는 내가 말씀을 기억하려고 노력하지만, 점차 말씀이 나를 이끌어가며 더 깊이 깨닫게도 하시고 깊은 감동을 주신다.

이때 주신 말씀에 합당한 적용, 즉 '어떤 행동을 해야 한다'고 생각하는데, 내 생각은 좀 다르다. 말씀을 묵상할 때마다 반드시 적용해야 한다고 생각하면 결국에 '내가 ~을 했다'는 것이 남을 수밖에 없다. 그러나 오직 말씀을 기억할 때는 말씀만이 남아 역사하는 것을 체험한다. 단, 오늘 주신 말씀을 통해 꼭 실행하고 싶은 순종의 행동이 있다면 실행하는 것이 바람직하다.

7. 받은 은혜를 나눈다

말씀 묵상은 받은 은혜를 누군가와 나눌 때 은혜가 배가되고 지속할 수 있다. 그러나 말씀 묵상의 은혜를 계속 나눌 대상이 주위에 많지 않으면 가족 특히 자녀와 나누는 것이 바람직하다. 그러므로 '말씀 묵상을 나누는 가정예배'는 부모가 말씀 묵상도 지속할 수 있고, 가정예배도 드릴 수 있고, 자녀에게 말씀 묵상을 전수할 수도 있는 기가 막힌 방법이다. 내가 예수님을 알고부터 지금까지 말씀 묵상을 계속할 수 있었던 것도 늘 곁에 말씀 묵상의 은혜를 나눌 사람들이 있었기 때문이다. 묵상한 것을 나눌 때는 자신이 기록한 것을 읽고 나서 약간의 부연 설명만 하는 정도로 나누는 것이 좋다.

끝으로, 말씀 묵상을 하는 사람이라면 말씀 묵상을 하지 못한 날의 기분을 알 것이다. 어딘가 찝찝하고 기분이 영 좋지 않다. 그런 날은 전날 말씀 묵상의 제목을 떠올려 어제 받았던 은혜를 다시 묵상해도 좋다. 때로는 묵상한 날보다 다음날 다시 그 말씀을 기억하다가 더 큰 은혜를 받을 때도 있기 때문이다.

무엇보다 부모가 말씀을 묵상하고 기억하는 거룩한 습관을 길러야 한다. 부모가 말씀을 묵상하며 하나님과 생명의 교제를 이어갈 때 자녀들도 자연스럽게 말씀 묵상을 통해 생명의 교제를 이어갈 것이다. 하나님께서 고대하시는 거룩한 습관의 전수이다.

자녀 연령별
말씀 묵상법

아침저녁 읽으시던 어머니의 성경책

손때 남은 구절마다 모습 본 듯합니다

믿는 자는 누구든지 영생함을 얻으리

들려주신 귀한 말씀 이제 힘이 됩니다

〈어머니의 넓은 사랑〉이라는 찬송가의 한 부분이다. 예수님을 믿고 나서 이 찬양을 부를 때마다 내가 이런 어머니가 되기를, 내 자녀가 이 찬송을 부르며 나를 기억해주기를 주님께 간절히 기도했다.

자녀가 영유아일 때는 되도록 매일 성경을 읽어주고 함께 기도하는 것이 좋다. 30분이 채 되지 않는 시간일지라도 어린 자녀를 양육하면서 매일 말씀을 읽어주고 대화하는 것은 부모의 믿음과 정성이 필요한 일이다. 그러나 하나님의 말씀을 향한 부모의 믿음과 정성은 자녀의 삶에서 반드시 빛을 발한다. 그렇게 자란 자녀에게 연령별로 말씀 묵상 방법을 안내해주면 초등학교에 들어가면서부터 점차 스스로 말씀을 묵상하게 되고, 부모와 그 은혜를 나누며 그의 평생에 말씀이 이끄시는 삶을 살게 된다. 죄인이 부모가 되어 이보다 더 영광스러운 일이 어디에 있겠는가!

말씀을 어떻게 묵상할까?

자녀의 나이와 발달 정도에 따라 어떤 성경을 사용할 것인지, 말씀을 어떻게 묵상할지 이곳에 소개한다.

1. 영아부 (~4세)

그림 성경을 사용한다. 그림 성경을 택할 때는 성경과 다른 내용은 없는지 잘 살펴봐야 한다. 나는 주로 《두란노 어린이 그림 성경》(두란노)을 권한다. 그림 성경은 아빠나 엄마가 매일 한 번씩, 한 단락씩 읽어주는 것이 바람직하다.

① 아이에게 성경을 들어 보이며 "하나님께서 '○○야, 들어라!' 하고 말씀하신 이야기가 여기에 있대, 우리 하나님 말씀을 들어볼까?"라

고 이야기를 시작한다.

　※ 이때 "○○야, 들어라"라고 하나님의 음성처럼 굵은 목소리로 아이의 이름을 불러주면, 아이들은 순간 집중력을 보여준다.

　② 그림 성경을 읽어주기 전에 아이와 함께 먼저 그림 위주로 살펴본다. "와, 여기에는 뭐가 있는지 볼까?"라고 하면서 그림에 대해 묻고 답하다가 "자, 그럼 이제 하나님께서 ○○에게 뭐라고 말씀하셨는지 들어보자"라고 말하며 한 단락을 읽어준다.

　※ 자녀가 집중력을 잃고 다른 데 관심을 쏟거나 다른 곳으로 가더라도 그림 성경을 읽어주던 부모는 혼자 재미있게 계속 읽어가는 것이 중요하다. 어른과 달리 아이들은 안 듣는 것 같아도 다 듣고 있다.

　③ 한 단락을 다 읽은 후, "이 세상은 모두 하나님이 만드셨구나!" 등 한마디로 요약해준다.

　④ 마지막으로, 읽은 내용으로 짧게 마무리 기도를 한다. "하나님, 이 세상을 만들어주셔서 감사합니다. 예수님 이름으로 기도합니다. 아멘."

2. 유아부~유치부 (5~7세)

　그림 성경을 사용한다. 영아부 때와 같은 성경이지만, 부모보

다 자녀가 더 많이 말할 기회를 주는 것이 중요하다. 말씀을 묵
상하는 방식으로 서서히 바뀌고 있음을 유념하자.

① 부모가 그림 성경을 읽어주거나 자녀가 아는 부분은 직접 읽게
해도 좋다. 그 후에 "우리 ○○이는 말씀을 읽고 나서 어떤 이야기가
제일 생각나?"라고 묻고 잘 들어준다. 아이가 말할 때 "정말?", "아, 그
랬구나" 등 적극적으로 반응한다.

② "엄마(아빠)는 이런 이야기가 제일 은혜가 됐어." 부모에게 은혜
가 되거나 마음에 와닿은 이야기를 짧고 진실하게 전한다. 아이가 아
무리 어려도 성령의 감동은 전달된다.

③ "그럼 우리 ○○이는 하나님께 뭐라고 기도하고 싶어?"라고 물은
뒤, 자녀가 기도하게 한다. 부모도 짧게 기도한다.
※ 자녀의 기도를 부모가 기억했다가 오늘 읽은 성경 본문 아래 기
록해주면 그 성경책은 자녀에게 특별한 성경이 된다.

④ "아빠(엄마)가 돌아오시면 오늘 재미나게 읽었던 말씀을 들려드
리자"라고 제안한다. 아직 어리지만 아빠(엄마)와 '나눔'하는 훈련이
된다. 이때도 아빠가 "아, 그래", "진짜?", "그렇구나"라고 적극적으로
들어주고 반응한다면 아이는 자신이 들은 성경 이야기를 즐겁게 전하

게 된다.

　※ 아이가 원하고 부모에게 시간적인 여유가 있다면 본문 내용에 해당하는 활동을 이어가는 것이 좋다. 부모와 함께 그날 본문 내용을 그려보거나 찬양과 율동 또는 인형극 등으로 표현할 수 있도록 도와준다. 어떤 활동을 하든지 곁에서 기도하며 함께해주는 부모가 있다는 것이 중요하다. 십자가에 달리신 주님을 그리다가 성령의 감동을 받아 그림을 꼭 끌어안고 우는 어린 자녀들을 본 적이 있다. 자녀들의 활동을 통해서도 성령께서 역사하신다.

3. 초등부

　저학년은 성경책(주로 사복음서), 고학년은 성경이나 큐티책을 사용한다. 자녀가 글을 읽고 쓸 수 있어야 혼자서도 묵상을 할 수 있다. 혼자 말씀을 묵상할 수 있도록 친절하게 안내하고, 긍정적 나 전달을 해준다. 짧게라도 기록하는 것이 중요하다. 어른도 자녀들도 묵상 내용을 기록할 때 놀라운 은혜가 임한다.

　① 본문 읽기
　성경의 짧은 문단 하나를 세 번 정도 읽는다.

　※ 특히 그림 성경이 아닌 성경책으로 처음 묵상을 시작할 때는 문단 나누는 것을 부모가 도와줘야 한다. 그런데 요즘 성경책에는 대부분 친절하게 문단도 나뉘어 있고, 제목도 쓰여 있다. 다음의 묵상 방법을 'ABC방법'이라고 부른다.

② 제목 정하기 (A title)

제목을 정하고 적어본다.

※ 부모가 말씀 묵상을 하고 나서 정한 제목이 '그날 받은 은혜의 요약'이라면, 초등학생이 붙여보는 제목은 '본문 요약'이 된다. 앞에서 말한 것처럼 요즘 성경책에는 소제목까지 쓰여 있지만, 자녀 스스로 생각한 제목을 써보라고 권해보자. 말씀 묵상을 많이 한 자녀들은 국어 실력이 좋을 수밖에 없다.

③ 인상 깊은 구절 (Best verse)

본문에서 제일 마음에 와닿는 구절을 골라서 적어본다.

④ 적용하기 (Challenge)

가장 마음에 와닿는 성경 구절이나 본문을 통해 생각나는 죄, 교훈, 새로운 지식, 위로 또는 책망, 해야 할 일 등을 적어본다. 여러 가지를 나열하기보다 한두 가지를 적는 것이 좋다.

⑤ 어려운 점 (Difficulties)

본문을 읽다가 "이게 무슨 말이에요?"라고 묻고 싶은 부분이나 말씀을 묵상하는 데 어려운 점 등을 써놓았다가 부모에게 묻는다.

4. 중고등부

성경책이나 큐티책 어느 것을 사용해도 좋다. 'ABC 방법'으로 묵상하다가 자신이 원할 때 부모와 같은 방법으로 바꾸어도 좋다.

교회 부모학교에서 말씀 묵상을 배운 후에 자녀들과 말씀 묵상 나눔을 계속 이어가는 가정들이 있다. 그중에서 말씀 묵상을 열심히 하던 초등학생 아이가 묵상한 내용을 소개한다. 말씀 묵상을 배운지 얼마 안 되었을 때 한 묵상이지만, 울림이 있을 것이다.

<u>묵상하기</u>

1. 우리에게 죄가 얼마나 무서운지 말해주시는 하나님

"지수야, 나는 너희에게 죄가 얼마나 무서운 건지 말해주는 하나님이야. 내가 말했지! 한 사람의 죄로 인해 온 세상이 깜깜해지고 한 사람의 기도로 온 세상이 바뀔 수 있어!"

2. 나를 구원해주신 하나님

"지수야, 나는 널 구원한 하나님이야. 원래 너는 죄수였어. 네 옷에는 죄수 번호가 붙어 있었지. 하지만 지금은 의로운 하나님 나라 시민이 되었어."

3. 하나님과 악마 중에 선택하라고 하시는 하나님

"지수야, 나는 나와 악마 중에 택하라고 하는 하나님이야. 너는 누구를 선택할 거니?"

적용하기

1. 하나님, 저는 1초 만에 하나님을 선택하지요.

2. 하나님, 저를 구원해주셔서 감사해요.

3. 하나님, 죄가 얼마나 무서운지 알겠어요. 이제 최대한 죄를 짓지 않도록 노력할게요.

말씀 묵상을 열심히 하던 이 아이가 하루는 엄마에게 이렇게 말했다고 한다.

"엄마, 내가 말씀 묵상을 안 했을 때는 하나님이 옆집 아저씨 같았는데, 이제는 아빠 같아요."

말씀 묵상을 나누는
가정예배

가정은 하나님과 관계 맺는 법을 배우는 곳이다. 그런데 자녀가 '교회에서' 하나님에 대해 배우고 말씀과 기도하는 법도 배운다고 생각하는 부모가 많다. 물론 틀린 말은 아니지만, 그것이 전부일 수는 없다. 자녀들은 부모의 뒷모습을 보고 자라기 때문이다. 교회가 아닌 '가정에서' 말씀과 기도를 통해 부모가 하나님과 어떻게 교제하는지 보고 배우게 된다. 그만큼 자녀들에게 부모의 삶은 영향력이 막강하다.

가정은 부부가 주님께 사랑과 순종을 배우는 곳이기도 하다. 남편과 아내를 향한 하나님의 뜻은 분명하다. 서로 사랑하고 순종하는 것이다. 하지만 그렇게 살기가 쉽지 않다. 때로는 서로를 탓하며 괴로워하다가 결국 주님께 나아가 기도하게 된다.

기도하는 부부에게 주님은 크신 사랑으로 위로하시고 서로 기쁘게 사랑하고 순종할 힘을 주신다. 부부는 주님과의 관계에서 얻은 힘과 깨달음으로 서로 사랑해야 한다. 이것이 부부를 향한 하나님의 뜻이다. 그러나 세대가 지날수록 부부관계가 힘들 때 주님께 나아가지 않고 서로를 원망하며 돌아서고 만다.

또한 가정에서 자녀의 몸과 마음이 성장한다. 자신의 마음이 알아서 자라는 줄 알지만, 결코 그렇지 않다. 부모의 돌봄으로 자녀의 몸이 자라듯이 자녀는 부모와 관계를 통해 마음이 성장한다. 자녀들은 어릴수록 부모에게 더 많은 영향을 받으며 마음이 자라고, 그 마음에 하나님의 영이 담긴다.

그러니 가정은 얼마나 소중한 곳이며, 부모(부부)는 얼마나 중요한 사람들인가! 이렇게 중요한 가정과 부모를 사탄이 그냥 놔둘 리가 없다. 사탄은 호시탐탐 가정과 부모를 노리고 있다. 그런데 부모가 사탄의 궤계를 보지 못한 채 부부간에, 부모와 자녀 간에 서로를 탓하며 힘들어할 때가 많다. 원수 마귀를 미워하고 대적해야 할 가족이 사탄의 악한 속임수를 간파하지 못한 채 서로를 미워하는 것이다. 현대인의 가정은 어느새 사탄의 놀이터가 되어가고 있다.

말씀대로 지어가는 가정

그렇다면 부모는 가정을 어떻게 꾸려나가야 할까? 하나님께서 이 세상의 창조주요 주관자이시듯 우리 가정의 창조주요 주관자이시다. 나의 가정을 이루신 분이 하나님이고, 그 가정을 주관하는 주인도 부모가 아니라 하나님이다. 부모는 하나님이 창조하시고 주관하시는 가정을 잠시 맡은 청지기이다. 그러므로 가정을 맡은 부모는 가정의 설계도인 하나님의 말씀대로 가정을 지어야 한다. 부모는 한 손에 설계도를 들고 날마다 가정이 말씀대로 잘 지어지고 있는지 살펴야 한다.

하나님의 설계도대로 가정을 세워가기가 쉽지 않지만, 설계도와 무관하게 가정을 지어가는 것은 정말 위험천만한 일이다. 부모는 가족을 위해, 자녀를 잘 기르기 위해 이른 아침부터 늦은 밤까지 얼마나 많은 노력을 하는가. 그러나 설계도를 무시한 채 최선을 다한다면 하나님의 은혜와 보호하심과는 멀어질 수밖에 없다. 부모들의 노력으로 가정이 행복해지고 하나님의 은혜를 덧입는 것이 아니라 하나님의 말씀대로 지어져 가느냐에 달린 것이다. 그러므로 하나님의 말씀을 가까이하지 않는 부모는 위험한 부모가 될 수밖에 없다. 면허 없이 운전대를 잡은 운전자와도 같다.

사무엘상 15장에서 사무엘 선지자를 통해 하나님께서 가장 좋아하시는 것, 즉 하나님께서 우리에게 가장 원하시는 것이 무엇인지 알려주신다. 그것은 하나님의 목소리를 청종하는 것, 곧 하나님의 말씀을 듣고 따르는 것이다(삼상 15:22). 가장 위대한 부모는 매일 아침 주님을 만나 그 말씀을 듣고 마음에 품고 살아내며 자녀와 그 은혜를 나누는 자이다.

가정예배의 시작

자녀가 어릴 때는 그림 성경을 읽어주고 기도하고 대화하는 매일의 시간이 곧 가정예배 시간이다. 그러므로 아빠들도 일주일에 한두 번은 어린 자녀에게 성경을 읽어주고 함께 기도하는 노력이 필요하다. 교회에서 영아부 교사로 섬기는 나는 새친구반 아빠들에게 이런 말씀을 드리곤 하는데, 그 후로 일주일에 두 번씩 꼭 말씀을 읽어주신다는 장한 아빠들이 있어 기쁘다.

이제 막 초등학교에 들어간 자녀들은 갑자기 혼자 말씀을 읽고 기록하려면 어려움을 느낄 수 있다. 그때 절대 서두르지 말고 자녀의 상태에 따라 도와줘야 한다. 긍정적 나 전달법으로 많이 이야기해주면 좋다. 일단 성경의 사복음서를 묵상할 수 있도록 부모가 문단 나누기를 도와줘야 한다. 몇 번 하다 보면 자녀가 문단 나누기도 알아서 잘하게 된다. 자녀 스스로 말씀 묵상을 하게 되었을 때, 부모도 자신의 묵상 내용을 자녀와 함께 나누면 된다. 이로써 '말씀 묵상을 나누는 가정예배'가 시작되는 것이다.

이때 자녀가 일주일에 몇 번 말씀 묵상을 하든지 질책하지 않는 것이 중요하다. 우리 집 아이들도 처음에는 일주일에 한 번 묵상한 것을 가정예배 때 나누다가 점점 더 자주 말씀을 묵상하게 되었다. 대학에 가면서는 아침에 말씀을 묵상하지 못한 날에는 버스 안에서라도 매일 말씀을 묵상하려고 노력하는 것을 보았다. 또한 가정예배는 '문제없는 영역'(서로 기분 좋은 상태)에서 드리는 것이 좋다. 그러므로 문제없는 영역을 만들려는 부모의 노력이 필요하다.

가정예배의 순서

1. 찬양하기
자녀들이 원하는 찬양을 부르는 것이 좋다.

2. 기도하기
성령님을 초대하고 가정예배에 은혜 주시기를 간구한다. 자녀들도 돌아가면서 기도할 수 있도록 권면한다.

3. 나눔하기
가족이 돌아가며 한 주 동안 각자 말씀을 묵상했던 것 중에서 가장 기억에 남거나 나누고 싶은 말씀을 골라 기록한 내용을 읽고 간단하게 부연 설명한다.
※ 이때 부모의 피드백이 중요하다. 가르치려는 자세가 아닌, 은혜받고 응원하

는 자세가 필요하다.

4. 중보기도하기

자녀가 초등학생 이상이고 가능하다면 각자 기도제목을 나누자. 손을 잡고 옆 사람을 위해 기도해준 다음 부모 중 한 사람이 짧게 마무리 기도를 한다. 자녀들이 장성할수록 자연스럽게 중보기도하는 시간이 길어진다.

5. 가정예배 후

간식 등을 먹으면서 말씀 묵상의 좋은 점이나 힘든 점도 이야기하고, 각자 생활하면서 하고 싶었던 이야기도 나눈다. 부모는 반영적 경청과 긍정적 나 전달을 해주는 것이 중요하다. 유대인들이 성경에 꿀을 발라서 '말씀이 달다'고 기억하게 하는 것처럼 '가정예배는 즐겁다'고 기억할 수 있도록 부모는 '물심양면'(맛있는 음식과 행복한 대화)으로 노력해야 한다.

가족이 모여 말씀을 읽고 기도하고 끝내는 가정예배와, 부모와 자녀가 한 주 동안 받은 말씀의 은혜를 가지고 만나는 가정예배는 다르다. 말씀 묵상을 통해 하나님의 마음을 알게 된 부모와 자녀가 가정예배에서 그 은혜를 나눔으로써 또 다른 은혜를 받게 된다. 그런 가정은 강한 '영적 공동체'가 된다.

코로나19로 인해 어쩔 수 없이 우리 신앙생활의 민낯이 드러나고 있다. 그중 하나가 주일예배도, 가정예배도 온 가족에게 습관이 되어야 한다는 것이다. 예배와 말씀 묵상과 기도가 거룩한 습관이 되어 있지 않으면 가족이 모여 온라인예배를 드리는 것조차 어색하고 힘겨운 것이 현실이다. 가족은 이 마지막 때에 서로에게 꼭 필요한 '영적 동지'이다. 자녀를 영적 동지로 세워갈 책임이 바로 부모에게 있는 것이다.

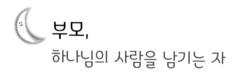

부모,
하나님의 사람을 남기는 자

2019년 7월, 새로운교회에서 개최하는 온 가족 캠프 '패밀리 심포니'의 오프닝 강의를 맡게 되었다. 처음 강의 제안을 받았을 때는 무척 놀라고 당황스러웠다. 이 강의를 내가 하는 것이 맞는지, 그렇다면 하나님은 어떤 말씀을 전하기 원하시는지 물어야 했다. 그렇게 3개월 가까이 크신 주님의 임재 앞에 엎드렸다. 크신 주님의 마음을 왜 이 작고 누추한 마음에 담기 원하시는지 다 알 수는 없었지만, 그저 눈물로 주님 앞에 앉아 있었다. 길 잃은 이 세대를 향한 하나님의 사랑과 실망과 아픔과 기대를 작디작은 내 심령에 쏟아부으셨다. 그때 강의 제목이 '부모, 하나님의 사람을 남기는 자'였다.

무엇을 남길 것인가?

그렇다. 부모는 이 땅에 내 자녀를 남기고 가는 사람이 아니라 하나님의 사람을 남기고 떠나야 하는 사람들이다. 자녀에게 하나님의 도를 가르치고 그 순종의 삶을 자녀들 앞에 보여주라고 주님은 당부하셨다. 그 귀한 사명이 있음을 모를 리 없지만, 많은 부모들이 두 마음을 품은 채 여호와의 낯을 피해 살아간다.

문득 10년 전쯤 캐나다에서 열린 목회자 부부 수련회에 참석했을 때 일이 떠오른다. 그즈음 세계선수권대회에서 릴레이경기를 하던 미국 선수들이 바통을 떨어뜨리는 바람에 메달을 받지 못하는 안타까운 일이 일어났다. 당시 수련회 강사였던 미국의 켄 블루멜 목사님은 이것이 현 미국의 영적 상태를 보여준다며 무거운 표정으로 말씀하셨다.

"다음 세대에게 복음의 바통을 물려주지도 못한 채 은퇴 후 해변에서 쉴 생각으로 가득한 부모 세대가 하나님께 받을 메달은 없습니다."

의사소통 기술을 강의하다 보면 영민하게 잘 배우고 실천하던 부모들이 어느 날 갑자기 하기 싫다고 불평할 때가 있다.

"나는 부모한테 그런 좋은 말을 들어본 적이 없는데, 왜 나만 자녀의 마음을 알아주고 들어줘야 하나요?"

또 상담을 진행하다 보면 자녀 문제로 상담을 받는 상황에서 자신이 부모에게 받은 상처가 떠올라 한동안 자신의 문제에 머물며 아파하는 분들도 있다. 이 세상 모든 부모의 마음도 자녀들만큼이나 약하고 힘이 없다.

그 점을 누구보다 잘 아는 내가 이 책의 처음부터 부모들을 위로하지 않았다. '부모'라는 이름의 고단함과 무게를 알면서도 "당신에게는 부모 면허가 필요하다!"라며 몰아붙였다. 그래서 이 책을 쓰는 내내 마음이 편치 않았다. 그러나 연약하고 아파하는 부모들 앞에 설 때마다 나는 다시 사도 바울을 이야기한다.

그리스도의 복음에 장애가 없도록

다른 이들도 너희에게 이런 권리를 가졌거든 하물며 우리일까 보냐 그러나 우리가 이 권리를 쓰지 아니하고 범사에 참는 것은 그리스도의 복음에 아무 장애가 없게 하려 함이로다 고전 9:12

바울은 사도로서 장가들어 아내와 함께 다닐 권리도 있고, 복음을 전하며 보수를 받고 살아갈 권리도 있었다. 그러나 그는 사도의 권리도 쓰지 않고, 장가도 들지 않고, 복음 전파의 사역과 함께 고된 노동을 하며 범사에 참는 이유가 있었다. 그것은 바로 그리스도의 복음에 아무 장애가 없게 하려 함이라고 한다. 수많은 영적 자녀를 길러내기 위해 자신의 권리를 쓰지 않은 것이다.

남편이 갑작스레 하늘나라로 떠나고 얼마 지나지 않았을 때

이 말씀을 묵상했다. 그 당시 나에게는 슬퍼할 권리가 있었다. 아파할 권리도 있었고, 절망할 권리도 있었다. 그러나 '그리스도의 복음에 아무 장애가 없게 하기 위해서'라는 사도 바울의 고백 앞에서 나는 멈춰 설 수밖에 없었다.

내 삶을 송두리째 빼앗긴 것 같은 그 순간에 사도 바울의 고백은 아직도 주님께 드릴 사랑이 나에게 남아 있음을 보게 해주었다. '나에게 가장 귀한 분은 그리스도요 그리스도의 복음인가?' 자문하며 너무나 당연해 보였던 권리들을 쓸 수가 없었다. 그것은 오직 내가 사랑하는 그리스도와 복음에 아무 장애가 없게 하기 위함이었다.

부모들이여! 우리는 길을 잃었다. 우리는 자녀를 걱정하고 자기 자신을 불쌍히 여기며 내 몸을 아끼다가 죽을 인생들이 아니다. 자녀의 성공만을 애타게 바라며 이 땅에서 고단하게 살다가 죽을 인생들이 아니다. 그것은 사탄이 원하는 인생의 모습이다. 우리는 그리스도의 복음에 아무 장애가 없게 하기 위해 살아가야 할 영광스러운 인생들이다. 나에게 맡기신 한 영혼인 자녀를 얻기 위해, 다음 세대를 이 땅에 남기기 위해 범사에 참으며 깨어 있어도 피곤치 않을 인생들이다.

내가 왕의 이름을 만세에 기억하게 하리니 그러므로 만민이 왕을 영원히 찬송하리로다 시 45:17

부모, 멈춤의 시간

부모들이여! 여기서 잠깐 멈춰갑시다.
생각해보고, 기록해보고, 나눠보기를 바랍니다.

1 부모는 '말씀 묵상'이라는 거룩한 습관의 소유자이자 전달자이다.
말씀 묵상을 하면서 자신이 잘하고 있다고 생각되는 점은 무엇인
가? '말씀 묵상의 면허'를 받기 위해 내가 변화하고 싶은 부분은 무
엇인가?

● 말씀 묵상한 것을 나눌 사람을 정해서 일주일에 한 번씩 나눠보라.

2 자녀에게 연령별로 말씀 묵상법을 잘 안내해야 한다. 자신이 잘하
고 있다고 생각되는 점은 무엇인가? 자녀가 말씀 묵상을 잘할 수
있도록 내가 변화하고 싶은 부분은 무엇인가?

3 가정예배도 부모와 자녀에게 거룩한 습관이 되어야 한다. 가정예배가 습관이 되기 위해 잘하고 있다고 생각되는 점은 무엇인가? 가정예배가 습관이 되기 위해 내가 변화하고 싶은 부분은 무엇인가? 구체적으로 어떻게 변화하고 싶은가?

| 엄 | 마 | ! | | 저 | | 큰 | 딸 | |
| 예 | 은 | 이 | 에 | 요 | . | | | |

태어날 때부터 엄마를 고생시킨 저는 참 고집이 세고 욕구도 강했어요. 회초리도 겁내지 않고 하고 싶은 건 하고야 마는 첫딸을 키워야 했던 초보 엄마는 얼마나 당황스러우셨을까요? 나중에 여덟 살 어린 동생을 통해 제가 사춘기 때 현관문을 쾅 닫고 등교하면 엄마가 주저앉아 울며 기도하셨다는 이야기를 들었어요. 저는 그때 엄마가 저를 사랑해서 하신 말씀이 저를 못마땅해하고, 제가 하고 싶은 건 막고, 혼낼 것만 찾으시는 것처럼 느꼈어요. 그래서 엄마에게 숨기고 거짓말하며 엄마에게서 벗어나기만을 고대했죠. 그러던 어느 날 엄마가 늘 엉망인 제 방 이야기를 꺼내셨고, 저는 당당하게 내 나름의 정리가 되어 있다며, 내 방인데 무슨 상관이냐고 신경 쓰지 마시라고 대꾸했죠.

다른 날 같으면 엄마가 인상을 찌푸리고 등짝을 때리시던지 군말 말고 어서 정리하라고 하셔야 하는데, 그날은 "아, 엄마가 보기에는 예은이 방이 지저분한 것 같은데 예은이 나름의 정리가 되어 있는 거였구나"라고 말씀하시는 게 아니겠어요? 속으로 무척 당황했지만, 사춘기라 통명스럽게 "네"라고 대답했죠. 그랬더니 "엄마가 예은이 방을 보면 정신이 없어서 신경이 쓰여"라고 하시기에 "그럼 내 방문을 닫아요!"라고 한 번 더 세게 이야기해봤어요. 그리고 속으로 '아, 진짜 혼나겠다'고 생각했죠. 그런데 돌아오는 반응이 "그래, 예은이는 그렇게 하면 좋겠구나. 알겠어. 앞으로 그렇게 할게"라고 하시는 게 아니겠어요? 처음에는 '저 말이 진심인가? 무슨 작전이지? 나중에 혼내시려나?' 긴장했는데 진짜 아무 일 없이 지나갔어요. 이날 엄마에게 표현하지 않았지만 정말 당황스러웠어요. '뭐야. 엄마가 안 혼내시네! 이 말 같지도 않은 말이 먹히네!' 그리고 그날 저는 처음으로 '우리 엄마가 달라졌다!'고 느꼈어요. 엄마가 쓰는 말을 빌리면 '엄마한테 내 의견이 받아들여지네'라고 느끼며 행복의 사진을 찰칵 찍었나 봐요. 그날이 이토록 자세하게 생각나는 걸 보면 말이에요.

그 후로도 저는 엄마한테 대들고 엄마는 다그치며 뒤돌아 우시는 날들이 계속되었죠. 그런데 엄마가 전보다 제 말을 잘 들어주신다는 것을 확실히 느끼긴 했어요. 엄마가 제 영혼을 얻기 위해 그렇게 고군분투하고 계신 줄은 몰랐지만요.

그러다 고등학생 때 제가 원하는 대로 선뜻 교복을 줄여보라고 권하시는 엄마를 보면서 엄마에게 숨기던 것들을 말해도 될 것 같다는 마음이 들었어요. 화장하는 것, 좋아하는 연예인, 친구와 있었던 소소한 문제를 엄마와 나누기 시작했고, 그때마다 엄마는 잘 들어주시고 제 마음을 알아주셨죠. 그래서 자연스럽게 진로, 교우 관계, 성적 등 그 시기에 하는 중요한 고민, 가치관 문제 등 큰 문제까지 나눌 수 있었어요. 엄마가 드디어제 상담자가 되신 거죠!

그런데 나중에 커서 보니까 나를 가장 사랑하는 엄마를 내 상담가이자 좋은 친구로 두는 건 정말 큰 행운이었어요! 그러기까지 엄마의 셀 수 없는 노력과 인내와 절망과 눈물과 기도가 있었겠지요. 엄마! 저를 포기하지 않고 기다려주셔서 감사해요. 그런 엄마를 통해 저는 신실하게 기다려주시는 하나님, 나의 어떠함과 상관없이 나를 사랑하시는 하나님, 나보다 나를 사랑하시는 하나님을 의심하지 않고 만날 수 있었어요.

그리고 저는 당연히 엄마처럼 살겠지 생각했는데, 제가 결혼을 하고 목회자의 아내가 되고 나니까 엄마가 살아낸 삶이 당연한 것이 아니었어요. 엄마라는 사명의 길을 이토록 충성되게 걸어온 엄마가 내 엄마라 너무 감사하고 자랑스러워요! 세상에 크게 자랑할 건 없는 딸이지만, 하나님을 떠나려고 발버둥 치던 저를 하나님의 사랑을 알고 전하는 사람이 되게 키우셨으니 엄마는 정말 성공한 엄마예요!

아빠 엄마가 보여주신 모범대로 살려면 많이 모자라지만, 하나님을 모신 가정이 무엇인지 알고 그 행복을 누린 자녀가 되게 해주셔서 감사해요. 아빠 엄마를 생각하면 〈또 하나의 열매를 바라시며〉라는 찬양이 떠올라요. 저도 하나님과 부모님에게 받은 사랑을 세상에 잘 전해서 이 땅에 한 영혼이라도 하나님의 사람으로 남기는 인생이 될게요.

엄마의 딸로 태어나 행복한

큰딸 예은 올림

		사	랑	하	는			
		엄	마	!				

이미 언니를 겪고 의사소통 기술을 배운 엄마에게서 늦둥이로 태어난 저는 참 행복하게 자랐어요. 아주 어렸을 때부터 엄마는 제 가장 좋은 친구이자 코치셨죠. 그런 엄마를 둔 저를 시기하는 눈길도 여러 번 받아본 것 같아요. 우리 집에서는 당연한 문 인사, 마음을 알아주는 말, 장점을 깨닫게 해주는 말이 누군가에게는 인생에 단 한 번이라도 받아봤으면 하는 것인 줄 크면서 알았어요. 행복하게 길러주셔서 정말 감사합니다.

무엇보다 제 인생의 의미도 모르고 왜 공부해야 하는지도 모른 채 살게 하지 않으셔서 정말 감사해요. 어려서부터 아빠 엄마가 언니에게 '공부도 하나님의 영광을 위해 하는 것'이라고 말씀하시면 '나도 꼭꼭 기억해야지' 했던 생각이 나요. 하나님을 인생에 첫 번째로 모시고 살다 보니 불안하지도 고민스럽지도 않았어요. 하나님이 계신 인생을 살고, 인생의 우선순위와 목표가 뚜렷하다는 게 얼마나 마음 편안하던지요! 하나님을 모르고 불안에 쫓기며 공부하는 친구들을 보면서 더욱 알게 된 것 같아요.

제가 초등학교 4학년 때까지 좋아하는 책만 읽고 공부를 안 해서 엄마가 담임선생님께 불려가 "왜 문제집 하나 풀게 하지 않느냐"라고 한소리 들으셨지만, 저에게 아무 말도 안 하셔서 저는 제 성적이 그 정도인지 몰랐어요. 그때 엄마가 다른 엄마들처럼 문제집도 여러 권 풀고, 책 좀 그만 읽으라고 하셨다면 저는 그냥 문제집만 풀 줄 아는 평범한 공부 기계가 되었을지도 모르겠어요. 마음껏 책만 읽을 수 있는 '독서하는 날'을 만들어주셔서 방바닥에 엎드려 책을 읽으며 상상의 나래를 펼치던 그 시간이 얼마나 행복했는지 몰라요.

그 후로도 선행학습을 거의 하지 않은 제가 고등학교에 입학해보니 다른 친구들은 고3 과정을 선행하고 있었던 것 기억하시죠? 사실 저는 고1 과정조차 이해되지 않아 정말 난감했는데 말이에요. 고민 끝에 중등 과정부터 기초를 다시 다져야겠다며 중학교 수학책을 들고 다니며 공부하던 시절이 있었죠. 지금 생각해보면 엄마가 보기에는 제 선택이 위험해 보였을 텐데, 할 수 있겠냐며 대견하다고 기도로 응원하시겠다고 하셨죠. 그때 엄마가 "중학교 수학을 다시 공부하겠다니 말도 안 된다"라고 하셨다면 저는 그냥 포기했거나 공부하면서도 늘 불안했을 거예요. 하나님께 저를 부탁하시며 기도하셨을 엄마 덕분에 모든 영광을 하나님께 돌리며 지금까지 올 수 있었어요. 감사해요, 엄마!

사랑하는 엄마, 엄마의 증인 된 삶을 통해 저희가 또 하나의 증인이 되었어요. 아빠가 돌아가셨을 때 슬퍼하고 낙망할 수 있었지만, '복음에 장애가 되지 않도록' 십자가를 붙들고 꿋꿋이 살아주신 엄마! 그때를 생각하면 지금도 눈물이 나요. 부모는 복음이 건너가는 다리라고 하셨죠? 저희가 그 다리를 건너 예수님을 만날 수 있도록 길을 내어주셔서 감사해요. 하나님의 사람을 남기는 사람, 우리 엄마! 정말 많이 사랑해요.

엄마의 노년에 함께할

막내 정은 올림

부모 면허

초판 1쇄 발행	2021년 4월 19일
초판 18쇄 발행	2025년 6월 18일

지은이　　　박인경

펴낸이　　　여진구
책임편집　　이영주
편집　　　　박소영 최현수 구주은 안수경 김도연 김아진
책임디자인　마영애 노지현 조은혜 정은혜 남은진
홍보·외서　진효지
마케팅　　　김상순 강성민　　　　　　마케팅지원　최영배 정나영
제작　　　　조영석 허병용　　　　　　경영지원　　김혜경 김경희

303비전성경암송학교 유니게 과정
이슬비전도학교 / 303비전성경암송학교 / 303비전꿈나무장학회

펴낸곳　　　규장

주소　06770 서울시 서초구 매헌로 16길 20(양재2동) 규장선교센터
전화　02)578-0003 팩스 02)578-7332
이메일 kyujang0691@gmail.com　　　　홈페이지 www.kyujang.com
페이스북 facebook.com/kyujangbook　　인스타그램 instagram.com/kyujang_com
카카오스토리 story.kakao.com/kyujangbook
등록번호 1922-2461
since 1978.08.14

ⓒ 저자와의 협약 아래 인지는 생략되었습니다.
이 출판물은 저작권법에 의해 보호를 받는 저작물이므로 무단 전재와 무단 복제를 할 수 없습니다.

책값　뒤표지에 있습니다.
ISBN　979-11-6504-196-0 03230

규 | 장 | 수 | 칙

1. 기도로 기획하고 기도로 제작한다.
2. 오직 그리스도의 성품을 사모하는 독자가 원하고 필요로 하는 책만을 출판한다.
3. 한 활자 한 문장에 온 정성을 쏟는다.
4. 성실과 정확을 생명으로 삼고 일한다.
5. 긍정적이며 적극적인 신앙과 신행일치에의 안내자의 사명을 다한다.
6. 충고와 조언을 항상 감사로 경청한다.
7. 지상목표는 문서선교에 있다.

하나님을 사랑하는 자 곧 그의 뜻대로 부르심을 입은 자들에게는 모든 것이 슴力하여 善을 이루느니라(롬 8:28)

Member of the
Evangelical Christian
Publishers Association

규장은 문서를 통해 복음전파와 신앙교육에 주력하는 국제적 출판사들의
협의체인 복음주의출판협회(E.C.P.A:Evangelical Christian Publishers
Association)의 출판정신에 동참하는 회원(Associate Member)입니다.